EL LIBRO DE FOTOS SOBRE HABILIDADES SOCIALES

Enseñanza del juego, la emoción y la comunicación a niños con autismo

Por Jed Baker, PhD

Future Horizons, Inc.

El libro de fotos sobre habilidades sociales
Enseñanza del juego, la emoción y la comunicación a niños con autismo

Todos los derechos de comercialización y publicación garantizados y reservados por:

FUTURE HORIZONS INC.
721 W. Abram Street
Arlington, TX 76013
800-489-0727
817-277-0727
817-277-2270 Fax
Website: http://www.FHautism.com/es
E-mail: info@FHautism.com

© 2001 Jed Baker, PhD
2019 Traducido por Isabel Sanllehi Palet.

Impreso en Estados Unidos

ISBN 13: 9781949177268

Dedicatoria

Este libro está dedicado a los innumerables estudiantes y padres, que nos han enseñado qué enseñar y cómo hacerlo comprensible.

Para agradecérselo mejor, una parte de todos los beneficios del libro se reintegrarán a la programación para los estudiantes del Programa Valley de Northern Valley Regional High School Districts.

Agradecimientos

Deseo agradecer a todos los niños y a sus familias, que participaron en la creación de las fotos para este libro.
Debo agradecer a dos personas en particular
De Northern Valley Regional High School Districts.
Primero a John McKeon, Director de Educación Especial, quien prestó ayuda y estímulo para todos los proyectos creativos que pudieran ayudar a sus alumnos.
Segundo a Ellen Doyle,
Consultora del Comportamiento, que realmente inició este proyecto sugiriendo en primer lugar la necesidad de herramientas de aprendizaje para sus alumnos basadas más en las fotos.
A Verónica Palmer, mi editora, a quien también debo mencionar, ya que su ayuda fue crucial para sistematizar y aclarar las imágenes y el texto que las acompañaba.
Y finalmente, a mi esposa Beth y a nuestros hijos, Jake y Lindsay, que constantemente me recuerdan la importancia primordial del humor y la diversión en todo lo que haces, en especial enseñar.

■ ■ Contenido ■ ■

PRIMERA PARTE

LA NATURALEZA DEL AUTISMO

Una breve aproximación al Autismo

Autismo es un término utilizado para describir una amplia gama de síntomas que abarcan el desarrollo cognitivo, motriz, socio-emocional y de lenguaje de una persona.

Los criterios actuales de diagnóstico que caracterizan al autismo, incluyen déficit en tres áreas generales:

(a) interacción social, (b) comunicación, y (c) comportamientos repetitivos y de rituales (Asociación Americana de Psiquiatría, 1994).

Los problemas con la interacción social pueden incluir dificultades para iniciar o responder a comunicación o juego, dificultades al usar o responder a gestos no-verbales (por ejemplo, señalar un objeto), falta de constancia o falta total de contacto visual, incapacidad de responder a los sentimientos de los demás, y la consiguiente falta para desarrollar relaciones con sus compañeros. Comprender qué hacer o decir en situaciones sociales es un problema central para las personas autistas.

Los problemas de comunicación pueden incluir dificultades estructurales, pragmáticas y semánticas del lenguaje. El lenguaje pragmático hace referencia al uso social del lenguaje, como el que se utiliza al mantener o iniciar una comunicación. Por ejemplo, puede parecer que algunas personas autistas tienen el lenguaje completamente intacto en términos de su capacidad para expresarse y comprender a los demás, pero pueden tener una gran dificultad con la comunicación social (por ejemplo, hablar a la gente en vez de con la gente, transmitir información objetiva o frases memorizadas de programas de televisión, sin responder a lo que sus oyentes dicen o hacen). Muchas personas autistas también tienen un problema de lenguaje semántico que incluye entender el significado de algunas palabras, en especial palabras abstractas, metáforas o dichos. Por ejemplo, pueden escuchar el dicho "no te vayas de la lengua" y decirte que la lengua no puede irse de ti, en vez de entender el significado simbólico que significa echar a perder una sorpresa. Los problemas de lenguaje estructural hacen referencia a las dificultades con el uso de la gramática y la sintaxis. Muchas personas autistas pueden tener dificultades para formar frases y entender la estructura gramaticalmente correcta de la frase.

Los comportamientos repetitivos o de rituales reflejan la preferencia por las semejanzas y repeticiones en relación con intereses, rutina diaria y movimientos corporales. Muchos jóvenes con autismo desarrollan una fascinación por un área de interés en particular y ponen más detalle en ese interés, excluyendo el aprender acerca de cosas nuevas. Por ejemplo, conocí a un joven que se obsesionó con los aspiradores y era reacio a escuchar o hablar acerca de cualquier otra cosa. Muchas personas autistas también exhiben rutinas no-funcionales que, por su naturaleza, parecen superstición. Un joven con el que trabajé tenía que colgar cada cuadro de la casa en ángulo torcido antes de poder usar el baño. Otros jóvenes pueden alinear de forma repetitiva bloques de juguetes, letras o números de una forma determinada. Estas personas autistas pueden volverse muy ansiosas o molestas cuando se introducen cambios o transiciones. Los jóvenes también pueden mostrar repetición en el uso del lenguaje (repetir la misma frase una y otra vez) o un movimiento físico (por ejemplo, dar palmas de forma repetitiva, balancear el cuerpo o dar vueltas y más vueltas).

Por definición, el autismo hace referencia a las dificultades en las tres áreas de síntomas principales (interacción social, comunicación y comportamientos repetitivos). No obstante, hay personas que tienen dificultades en una o dos áreas, pero no en una tercera. Como resultado de la variedad de perfiles de síntomas entre estas tres áreas, los investigadores y los profesionales clínicos a menudo les denominan trastornos del espectro autista, en vez de decir sólo autismo. Los trastornos del espectro autista incluyen autismo (y autismo altamente funcional), Síndrome de Asperger y Trastornos Profundos del Desarrollo (es decir, PDD-NOS, una categoría para personas que están dentro de alguno de los criterios de un trastorno del espectro autista, pero que no encajan perfectamente en un trastorno específico como autismo o Síndrome de Asperger). Dentro del espectro autista hay personas que no hablan y tienen retraso mental grave, así como personas que hablan con CI dotados, a pesar de los problemas con la interacción social y comportamientos repetitivos. Por ejemplo, personas con Síndrome de Asperger que tienen un desarrollo intelectual promedio o por encima de la media, pocos o ningún problema con el uso estructural del lenguaje, pero tienen problemas con la interacción social y los comportamientos repetitivos.

Dada la variedad de síntomas y de funcionamiento intelectual entre las personas con trastornos del espectro autista, un cierto número de investigadores han teorizado acerca del problema central subyacente dentro de estos trastornos.

Hay tres teorías, quizá relacionadas entre sí, que han recibido la mayor atención:

- Frith (1989) sugiere que las personas autistas carecen de la capacidad para integrar de forma simultánea múltiples mensajes sociales, emocionales y de lenguaje, típicamente presentes en situaciones sociales. Algo acerca de su funcionamiento neurológico hace difícil asimilar y organizar toda la información pertinente. Puesto que la mayoría de las situaciones tienen múltiples niveles de información sensorial, las personas autistas no siempre captan lo que está sucediendo o cómo responder. En su lugar, puede que atiendan y procesen sólo un fragmento de la experiencia social, lo que da como resultado un comportamiento social repetitivo y atípico.
- Baron-Cohen (1995) sugiere que el problema central es la incapacidad para comprender los pensamientos y sentimientos de los demás, un proceso denominado "teoría de la mente". Así, las personas autistas tienen dificultades para ver las cosas desde las perspectivas de otras personas.
- Hobson (1996) sugiere que el autismo conlleva la incapacidad para percibir y comprender las expresiones emocionales. Entonces, ello conduciría a dificultades para tomar perspectiva y los consiguientes problemas de interacción social.

Estas tres teorías pueden considerarse complementarias.

Tanto las teorías de Baron-Cohen como Hobson sugieren que las personas autistas no pueden empatizar fácilmente o comprender el punto de vista del mundo de otra persona. La teoría de Frith ayuda a explicar la razón. La incapacidad de integrar información simultáneamente acerca de lo que está pasando en una situación social, dificulta imaginar lo que otros puedan estar pensando o sintiendo. Para tener la perspectiva de otra persona, uno tiene que sintetizar información acerca de la otra persona (por ejemplo, las experiencias anteriores recientes y preferencias de esa persona), junto con lo que le está sucediendo a la persona.

La mayoría de las habilidades sociales se basan en la capacidad de adoptar mentalmente la perspectiva de otra persona. Por ejemplo, saber la razón de porqué decir hola cuando saludas a alguien está basado en comprender cómo pueden pensar o sentirse los demás si los ignoras en vez de saludarles. Saber cuándo dejar de hablar, turnarse, responder a las iniciativas de los demás, comprometerse, ayudar a los demás, o compartir, todo fluye de forma natural cuando una persona puede adaptarse a la perspectiva de otro. No obstante, estas habilidades sociales no llegan de forma natural en las personas autistas, y deben enseñarse de forma más explícita. El Libro de Fotos de las Habilidades Sociales intenta hacer justamente eso, desmontar las habilidades sociales en sus diversos componentes y explicar qué hay que hacer y decir en situaciones sociales.

La Importancia de Usar Ayudas Visuales para Enseñar a Niños con Trastornos del Espectro Autista

Las personas con autismo a menudo tienen problemas de lenguaje y atención que interfieren con su capacidad para aprender sólo con las explicaciones verbales. Tal como describimos antes, muchas personas autistas tienen dificultad para comprender el lenguaje mismo. Sin embargo, para aquellos que tienen poca dificultad para entender las palabras pueden tener grandes dificultades para estar atentos mientras aprenden las tareas, en especial si se vuelven obsesivamente centrados en sus propias áreas de interés. Se han documentado bien los beneficios de utilizar ayudas visuales para facilitar un mayor entendimiento y comprensión entre los estudiantes autistas (p.e. Quill, 1995). La mayoría de los estudiantes, incluso los que no tienen trastornos, se benefician de ayudas visuales que respaldan una explicación verbal. Ello se debe a que las fotos (a) pueden hacer que los conceptos verbales abstractos se vuelvan más concretos, (b) continúen estables con el tiempo, mientras que la información auditiva puede perderse a medida que fluctúa la atención de los estudiantes, y (c) proporciona una forma más poderosa de atraer la atención. El Libro de Fotos de las Habilidades Sociales utiliza una estrategia visual primaria para enseñar habilidades sociales. Aunque los conjuntos de fotos pueden beneficiar a los estudiantes "típicos", serán particularmente útiles para los jóvenes con dificultades de procesamiento de lenguaje/audición, dificultades con el pensamiento abstracto, y para aquellos con dificultades para mantener la atención. Eso incluye a niños en el espectro autista, aquellos con Trastornos de Hiperactividad/Déficit de Atención, y para personas con trastornos de aprendizaje.

ENSEÑAR HABILIDADES SOCIALES

Hay numerosas estrategias para enseñar habilidades sociales, todas las cuales intentan hacer explícita la información social y las perspectivas que, de otro modo, puedan pasar desapercibidas a las personas autistas.

A continuación, se describen varias estrategias que se han utilizado para enseñar habilidades sociales, así como otros comportamientos.

Todos estos enfoques pueden incorporar el uso de ayudas visuales, tales como libros con fotos o modelismo, para reforzar las instrucciones verbales.

Prueba Discreta

Este enfoque se ha utilizado para enseñar el lenguaje básico, las habilidades académicas y las habilidades sociales más rudimentarias. Es un método altamente directivo que a menudo utiliza indicaciones físicas y, así, no depende de la capacidad del niño para entender el lenguaje. Una prueba discreta tiene al menos cuatro componentes: una señal, una indicación, un comportamiento y un refuerzo. Como ejemplo, considera el enseñarle a un joven a mantener contacto visual. Una señal podría ser la frase "mírame" mientras señalo a mis ojos. La indicación podría ser mover físicamente la cabeza de forma que esté mirándome. Este comportamiento podría ser mirarme a mí o mirar hacia otro lado, y el refuerzo llegaría sólo cuando me mirara a mí.

Enseñar de forma Incidental

El término "incidental" hace referencia a enseñar a un joven acerca de una situación social como si estuviera sucediendo en vez de como una lección estructurada. El objetivo es ampliar el entorno social para los jóvenes en la forma en que se está desarrollando, para que puedan llegar a captar las señales y normas sociales. Esta estrategia funciona bien al facilitar grupos durante una comunicación no estructurada y durante el tiempo libre. Para algunos niños, la enseñanza incidental puede hacerse de forma muy concreta. Con frecuencia se utilizan ayudas visuales (p.e. Utilizar una carta para remarcar de quien es el turno durante un juego) e indicaciones físicas (p.e. un golpecito en el hombro para indicar su turno). De forma alternativa, la enseñanza incidental puede ser más conceptual. Por ejemplo, si un niño habla sin parar acerca de su obsesión con fijaciones ligeras y sus compañeros están empezando a sentirse inquietos, podríamos decirle al niño "mira cómo los otros niños están bostezando y revolviéndose en sus asientos. ¿Qué crees que están sintiendo? ¿Por qué? ¿Puedes preguntarles si desean escuchar algo más? En comparación con esta lección incidental, después podríamos dar una lección formal sobre "Hablar con brevedad de forma que los demás escuchen", utilizando un formato basado en fotos.

Ensayo cognitivo de fotos

Esta estrategia utiliza dibujos animados combinado con principios de refuerzo positivo (Groden & Lavasseur, 1995). El ensayo cognitivo de fotos siempre incluye dibujos o fotos de tres componentes: los antecedentes para una situación problemática, el comportamiento objetivo deseado y el reforzador positivo. Las fotos están dispuestas como tarjetas de indexación. En el reverso de cada tarjeta hay un texto que describe la secuencia de acontecimientos. A los niños se les enseña la secuencia de tarjetas hasta que pueden repetir lo que está sucediendo en cada foto. Luego, la secuencia se revisa justo antes de que los niños entren en una situación potencialmente problemática. A diferencia del Libro de Fotos de Habilidades Sociales, que fue diseñado para ser el modelo general de habilidades sociales, el ensayo cognitivo de fotos se utiliza para una situación problemática específica. Como ejemplo, yo tenía un miembro de un grupo de siete años que salía corriendo de la oficina a la calle siempre que otro miembro empezaba a gritar. Hicimos dibujos de él escuchando a otro miembro llorar (antecedente), luego llevándose los dedos a los oídos y yendo a un lugar tranquilo de la habitación (comportamiento deseado), jugando y tomando su merienda al finalizar el grupo (refuerzos). Su madre le leería las tarjetas como si fuera un cuento a la hora de acostarse y luego otra vez, justo antes de nuestra sesión de grupo. De forma extraordinaria, ya no tuvimos más incidentes cuando se separaba del grupo.

¿Qué son las Historias Sociales?™

Desarrolladas por Carol Gray y sus colegas (Gray et al., 1993), esta estrategia utiliza historias escritas en primera persona para aumentar la atención de los jóvenes ante situaciones problemáticas. Empezando por la comprensión del niño sobre una situación, se desarrolla una historia describiendo lo que sucede, porqué y cómo se siente la gente y cómo piensa ante esta situación. La historia contiene declaraciones directivas (es decir, lo que hay que hacer en esa situación), pero el enfoque está en explicar lo que está sucediendo en esa situación. Al igual que con el ensayo cognitivo de fotos, Social Stories™ se leen repetidamente a los niños hasta que las han interiorizado, luego las vuelven a leer justo antes de la situación problemática. He usado esta estrategia a menudo con jóvenes con el Síndrome de Asperger, que creían que estaban siendo molestados en una situación en la que, en realidad, no era así. La historia describe al niño lo que la persona acusada de molestar podía estar haciendo o pensando, que no fuera molestar. También puede contener formas para decir si la persona está realmente molestando (p.e. La persona está mirándote directamente a los ojos y hace una observación crítica). Las Historias Sociales son más efectivas cuando están explicadas de forma muy específica cómo y por qué la gente se comporta y piensa de ciertas formas.

Aprendizaje Estructurado

Este término hace referencia a las estrategias de Goldstein y sus colegas en sus series "transmisiones de habilidades" (McGinnis & Goldstein, 1997). El aprendizaje estructurado contiene cuatro componentes: instrucción didáctica (explicación de las etapas de habilidades), modelaje, hacer el papel con comentarios y practicar dentro y fuera del grupo. Las series de transmisiones de habilidades es un recurso excelente que indica pasos para numerosas habilidades. Además, el formato para enseñar y promover la generalización es muy útil.

No obstante, no contiene muchas de las habilidades pragmáticas del lenguaje que son indispensables para los jóvenes en el espectro autista, y no siempre explica de forma suficientemente específica los pasos o escenas que pueden ser útiles para personas con trastornos del espectro autista.

La clave a esta aproximación, o a cualquiera que se base parcialmente en la instrucción verbal, es captar la atención de la persona y asegurarse de utilizar un lenguaje que no sea demasiado abstracto. El Libro de Fotos de las Habilidades Sociales puede utilizarse de forma muy satisfactoria combinándolo con este método de aprendizaje estructurado.

ACERCA DE LOS LIBROS DE FOTOS SOBRE HABILIDADES SOCIALES

¿Qué son los Libros de Fotos sobre Habilidades Sociales?

El Libro de Fotos de las Habilidades Sociales describe, paso a paso, a niños demostrando varias habilidades sociales. Cada habilidad está formateada de forma secuencial, similar a una tira cómica, con fotos de niños verdaderos combinado con texto y globos de cómics para mostrar lo que están diciendo los niños, y a veces lo que están pensando, a medida que se involucran en esta habilidad. Se incluye la forma correcta (y a veces la incorrecta) para actuar con el texto que acompaña, y que aumenta la experiencia de aprendizaje.

Estas fotos proporcionan una manera de compensación para las dificultades inherentes que comparten muchas personas autistas. Explican de forma explícita qué hacer y decir en situaciones sociales. Además, utilizando un formato de fotografía, se centran en las fortalezas de procesamiento visual de los estudiantes para facilitar la atención y la comprensión.

Leer el Libro de Fotos de las Habilidades Sociales no sustituye a la práctica normal de las habilidades. Es una herramienta útil en la adquisición inicial de habilidades y debería continuar con la práctica normal de las habilidades en las situaciones en que se necesitan. Si el objetivo es para que un estudiante demuestre una habilidad en una situación en particular, entonces en última instancia el estudiante necesitará practicar de forma repetitiva esa habilidad en esa situación. No obstante, antes de que los estudiantes puedan practicar una habilidad físicamente, necesitan entender algo de lo que hay que hacer. El Libro de Fotos de las Habilidades Sociales puede facilitar esta comprensión inicial. Además, promueve la forma independiente de forma que un estudiante puede referirse al libro una vez que ha aprendido la habilidad para reforzar más los comportamientos adecuados.

El libro puede viajar con un niño por entornos sociales, desde casa a la escuela, durante el patio, o fuera en la comunidad, aumentando así el aprendizaje y aumentar más la independencia.

El Libro de las Habilidades Sociales ayuda a jóvenes a visualizar (a) el resultado positivo de efectuar una habilidad y (b) cómo piensa y siente la gente como respuesta a sus comportamientos.

¿Quién debería utilizar los Libros de Fotos sobre Habilidades Sociales?

Los libros de fotos de habilidades sociales beneficiarán más a los estudiantes "típicos", captando su atención y rompiendo las habilidades abstractas en pasos más concretos. Serán particularmente útiles para jóvenes que tienen dificultades con los procesos de audición/lenguaje, pensamiento abstracto o atención constante. Eso incluye a jóvenes en el espectro autista, aquellos con Trastornos de Hiperactividad/Déficit de Atención, y para personas con trastornos de aprendizaje.

No existe límite de edad para usar los libros de fotos de habilidades sociales. No obstante, debido a la edad de los niños que se muestran en este libro, se recomienda que estas fotos se usen con niños que todavía no hayan llegado a la adolescencia. Puede crear sus propios libros de fotos sobre habilidades sociales para cualquier grupo de edad, incluidos los adultos (véase la sección sobre Haz tu propio libro de fotos sobre habilidades sociales).

Cómo utilizar este libro

Utilizar los libros de fotos sobre habilidades sociales implica cuatro etapas: (1) instrucción inicial, (2) hacer el papel de la habilidad, (3) revisar las etapas de habilidades con comentarios de corrección, y (4) generalización. Las tres primeras etapas pueden repetirse de forma secuencial muchas veces y son bastante similares a las etapas de "aprendizaje estructurado" descrito por Goldstein y sus colegas en sus series de Skills Streaming (McGinnis & Goldstein, 1997). El aprendizaje estructurado contiene cuatro componentes: instrucción didáctica (explicación de las etapas de habilidades), modelaje, hacer el papel con comentarios y practicar la generalización. Aquí la diferencia está en que las etapas de instrucción didáctica y el modelaje se sustituyen usando los libros de fotos sobre las habilidades sociales. Usar los libros de fotos da lugar a menos confiar en las instrucciones verbales y a un modelado instructor.

Instrucciones iniciales

La instrucción inicial implica que el instructor (profesor, ayudante o padre/madre) revise una habilidad específica con el estudiante hasta que éste pueda explicarla o demostrarla. La mayoría de las habilidades contienen una cubierta, que es un esbozo de texto de los pasos sobre las habilidades. Leer esta página con un estudiante es opcional, y debería basarse en el nivel de desarrollo del estudiante. Por ejemplo, este paso puede eliminarse para jóvenes con una capacidad de lenguaje receptivo muy limitado, ya que puede dar lugar a frustración y aburrimiento. Entonces, el instructor muestra cada foto al niño y lee cada etapa de la habilidad en orden, describiendo lo que las personas están haciendo, pensando y sintiendo.

El libro de Fotos de las Habilidades Sociales está diseñado para reforzar el aprendizaje mediante el uso repetitivo del lenguaje y es lo suficientemente atractivo como para mantener la atención, a pesar de ese uso repetitivo. El instructor puede pasar por cada página de una habilidad determinada varias veces y luego pedirle al estudiante que explique lo que está sucediendo en cada foto. El instructor puede hacer preguntas del tipo "¿Qué está pasando aquí?" ¿Cuál es el primer paso? ¿Cómo se siente? ¿Qué está diciendo? ¿Qué sucede luego? Para los estudiantes que no pueden describir lo que está sucediendo, se les puede pedir que muestren cada etapa (p.e. "Enséñame la foto donde mantienen contacto visual. Ahora enséñame dónde se paran para hacer una pausa. ¿Es ésta la forma correcta o incorrecta de decir perdón?").

¿Deberías enseñar la "manera incorrecta" para poner en práctica una habilidad?

En muchas situaciones, se presenta la "Manera Incorrecta" de representar una habilidad. Según la personalidad y naturaleza del estudiante, el instructor puede elegir no explicar o mostrar la forma incorrecta para representar una etapa de una habilidad y, en su lugar, centrarse sólo en la forma correcta para reforzar la habilidad. Si este es el caso, el instructor puede cubrir la foto de la forma incorrecta cuando pasa por la habilidad en particular. La desventaja potencial de revisar la forma incorrecta es que algunos estudiantes están tan entretenidos por el comportamiento inadecuado que pueden actuar la habilidad continuamente según la forma incorrecta en sus propias diversiones o en las de otros. Por otra parte, la ventaja de mostrar la forma incorrecta tiene dos partes: (a) ciertas habilidades se entenderán mucho mejor cuando se muestran tanto la forma correcta como la incorrecta y (b) los estudiantes que son reacios a hacer el papel, quizá lo intentarán más si pueden hacer el papel de la forma incorrecta primero, ya que entonces no deben tener miedo a cometer un error.

La conclusión es "conoce a tu estudiante". Los jóvenes que muestran una gran cantidad de comportamientos "tontos" para buscar atención pueden no ser buenos candidatos para tener la oportunidad de representar una habilidad de una manera incorrecta.

Interpretar los papeles de las habilidades (juego de interpretación de roles)

Durante la fase de práctica, se le pide al estudiante que ejecute los pasos de la habilidad en el orden correcto. El instructor revisa cada paso de la habilidad tal como se muestra en el libro, estimulando al estudiante a jugar el papel de cada paso. A menudo es más eficaz el jugar un papel cuando se hace con dos instructores o con un instructor y dos estudiantes. De esta forma, el instructor puede evitar participar en el juego de papeles directamente y actuar como un entrenador para ayudar a los estudiantes durante las etapas de la habilidad.

Las situaciones de jugar a interpretar un rol(papel) pueden empezar con las situaciones exactas que se muestran en este libro y, luego variar para dirigirse hacia las situaciones más importantes para la vida diaria de los estudiantes.

Revisar las habilidades/ proporcionar comentarios de corrección

Después de jugar cada rol/papel, el instructor debería proporcionar un comentario acerca de cómo debe representarse cada paso. El comentario siempre debería empezar anotando lo que se hizo correctamente e incluir un gran elogio. Evitar decirles directamente a los estudiantes que han ejecutado una habilidad o paso de forma incorrecta. En su lugar, hay que hacer un comentario correctivo haciendo referencia a la foto y decir algo como "en este paso, esto es lo que quiero que hagas para que ejecutes el paso aún mejor." Si es necesario, dar el modelo de la forma correcta de ejecutar la habilidad. El comentario correctivo y la práctica debería continuar hasta que el estudiante sea capaz de demostrar el paso correctamente.

El proceso de enseñar una habilidad en particular, revisando los pasos, ejecutando la habilidad y proporcionando el comentario correctivo, debería repetirse una y otra vez hasta que el estudiante sea capaz de manifestar la habilidad sin ningún estímulo. En este punto, empezar a promocionar la generalización de la habilidad.

Generalización de las habilidades

La generalización llega con la práctica repetitiva de la habilidad en las situaciones adecuadas. Son necesarios varios ingredientes para garantizar la generalización:(1) oportunidades para practicar las habilidades en las situaciones, (2) estímulos, redirección o apresurar para usar las habilidades, y (3) motivación para practicar las habilidades.

En la escuela pueden crearse oportunidades para practicar las habilidades, pero a menudo, sucederá de forma natural durante el día. Por ejemplo, pueden utilizarse diariamente "muéstrame & dime", hora de comer o círculos de tiempo, para practicar las habilidades de comunicación, mientras que las habilidades de juego se pueden practicar durante "el tiempo libre para jugar". En casa, estas habilidades pueden estimularse y practicarse durante unas fechas planeadas para jugar, o de forma incidental (p.e. cuando surge la situación)

Una vez que tanto el profesor como el estudiante avanzan hacia la generalización de habilidades, es importante que se mantenga la regularidad. La mayoría de cuidadores de un estudiante en particular están al corriente de la habilidad(es) en particular que es están trabajando, de forma que puedan estimular dicha habilidad continuadamente en todas situaciones y ofrecer un comentario similar de corrección.

Los padres y profesores deben estar al tanto de las situaciones para estimular al estudiante a utilizar la habilidad. Los instructores no pueden esperar a que se produzca la promulgación de una actividad antes de premiar al estudiante, sino que los padres y profesores deben estimular activamente y guiar al joven a través de los pasos de la actividad y luego proporcionarle la recompensa. Al principio, hay que estimular sólo unos pasos parciales de la habilidad si el estudiante todavía no ha aprendido totalmente la secuencia de la habilidad. A esto se le llama "shaping"(formar).

Otra oportunidad para estimular una habilidad siempre que el niño tiene un mal comportamiento. Cada mal comportamiento es una oportunidad de redirigir al estudiante hacia el camino adecuado para conseguir lo que quiere. Al final, "hostigar" ciertas habilidades. Por ejemplo, un instructor puede caer a propósito delante de un estudiante para alentar la habilidad de "Mostar Comprensión hacia los Sentimientos de Otras Personas." O el instructor puede coger un lápiz del estudiante y luego pedirle que escriba algo mientras el instructor habla con otra persona. Este es un estímulo de "interrumpir", ya que el estudiante necesitará interrumpir la conversación para pedir el lápiz.

Motivar a un estudiante para que use la nueva habilidad que ha aprendido puede crearse con el uso del sistema de símbolo/recompensa. Los estudiantes reciben símbolos para la promulgación de una habilidad que pueden intercambiar por recompensas. Las recompensas pueden ser snacks, privilegios, juguetes o, de libre elección, y siempre deberían incluir un halago. A menudo es útil crear un menú de recompensas, para que un estudiante no esté harto de un incentivo en particular. Es importante que las recompensas tengan significado para el niño. Lo que es motivación para un estudiante puede no tener efecto en otro. A medida que se va adquiriendo la habilidad, hay que hacer esfuerzos por hacer desaparecer las recompensas externas. Esto puede hacerse sustituyendo el halago por recompensas tangibles, desplazándose hacia un esquema de recompensa con un índice aleatoria (lo que refleja las consecuencias naturales que recibe el estudiante cuando no hay un esquema de recompensas planeado) y señalándole al estudiante cómo el estímulo positivo de la habilidad conduce a las consecuencias naturales positivas (p.e., el estudiante hizo algo de lo que quería, o un compañero quería hacer la actividad deseada con el estudiante).

HAZ TU PROPIO LIBRO DE FOTOS SOBRE HABILIDADES SOCIALES

Cosas Para Considerar

No puede completarse un conjunto de habilidades para una persona en concreto ya que las situaciones que exigen respuestas sociales están cambiando constantemente. Por lo tanto, aprender a hacer tu propio libro de fotos de habilidades sociales y diseñar habilidades dirigidas a situaciones específicas te permite la mayor libertad.

Los niños pueden participar activamente en la creación de nuevos libros de fotos de habilidades sociales poniendo fotos y montando los libros en papel o en un ordenador. Los beneficios son dobles para los jóvenes que ayudan a crear sus fotos de habilidades. Tienen la oportunidad de representar el papel de las habilidades durante la toma de fotos, luego su atención se dirige hacia un registro permanente, altamente atractivo de ellos mismos ejerciendo esta habilidad. Al hacer tu propio libro de fotos, necesitas tener en consideración cuatro áreas: (a) la habilidad objetivo, (b) como analizar la tarea de la habilidad, (c) qué percepciones, pensamientos o sentimientos quieres resaltar para el estudiante y (d) cómo componer el libro.

A. Identificar las Habilidades

Objetivo Los padres, profesores o estudiantes pueden identificar habilidades objetivo. Las habilidades individualizadas pueden establecerse después de una de las 20 que se muestran en este libro, o pude desarrollarse una nueva habilidad que se base en un comportamiento problemático de un estudiante en particular en una situación específica. Los comportamientos incorrectos a menudo son una clave de lo que los comportamientos necesitan aprenderse. Cuando estos comportamientos ocurren, pregúntate mentalmente "¿Qué estaba intentando conseguir el estudiante, y por qué?" Este proceso de determinación de la función de un comportamiento se denomina una valoración funcional (véase Durand, 1990).

Las funciones más comunes de un comportamiento problemático son:

- ESCAPAR de alguna tarea
- QUE LE PRESTEN ATENCIÓN
- Proporcionar AUTO-ESTIMULACIÓN
- Exigir una RECOMPENSA TANGIBLE
- DESPLAZAR LA IRA de una situación anterior
- Buscar REVANCHA

Cualquiera que sea la función del mal comportamiento, una estrategia crucial para remediar el problema es enseñar al estudiante una forma más adecuada de lograr la respuesta o recompensa deseada. El comportamiento alternativo apropiado puede convertirse en las habilidades objetivo para una nueva secuencia de fotos de habilidades sociales. A continuación, se señalan ideas de muestra sobre habilidades adecuadas para enseñar para cada función de comportamiento propuesto.

FUNCIÓN	COMPORTAMIENTO INADECUADO	HABILIDADES OBJETIVO
Escapar	Berrinche, agresión verbal o física, rechazos	Pedir un descanso, negociar más tiempo, pedir ayuda para hacer la tarea más fácil. Intentar cuando es duro, manejar los errores.
Obtener atención	Molestar, ruidos de trastornos, chistes inadecuados, hacer comentarios, quejarse de que le han hecho daño.	Iniciar una comunicación o jugar, unirse aella o hacer comentarios, quejarse de que le han hecho daño.
Autoestimulación	Balancearse, mover las manos, retorcerse	Ejecutar el comportamiento autoestimulante es una forma menos disruptiva, formas alternativas para relajarse o tranquilizarse.
Recompensa tangible	Rabietas por un juguete o privilegio, rehusa cooperar con algo hasta que se le da la recompensa.	Aceptar un "no" como respuesta o aprender a esperar lo que desea, habilidades para negociar.
Rabia desplazada	Agresión verbal o física dirigida hacia las fuentes de rabia comunes equivocadas (p.e. Una persona, rehusar cooperar con alguna instrucción.	Identificar fuentes comunes de enojo (por ejemplo, alguien le gritó o reprendió al estudiante) y aprendió a decir cómo se siente a la persona que lo molestó en lugar de actuarlo.
Revancha	Bromear, devolver el golpe, robar a alguien que te molesta.	Reconocer y expresar adecuadamente quién está molestándote. Emociones (p.e. decir cómo te siente en una forma positiva: "Me siento ____ cuando tu ____ porque ____.", decirle a alguien que pare, ignorar a la persona, decírselo a una autoridad.

B. Análisis de Tareas

La habilidad para analizar tareas simplemente significa descomponerlas en etapas de componentes más pequeños. Probablemente no será lo mismo de un estudiante a otro. Descomponer demasiado una habilidad lo hace incómodo de aprender. Del mismo modo, no lograr descomponerlo lo suficiente conducirá al estudiante a tener dificultad para aprender la habilidad. Como ejemplo, imagina aprender "decir un cumplido" como habilidad y uno de los pasos era "Decir cosas agradables acerca de cómo se ve la persona". Algunos estudiantes sabrían lo que son "cosas agradables", pero otros estudiantes necesitarían que este paso se descompusiera todavía más. Podríamos crear un paso intermedio para enseñar que "cosas agradables que decir" utilizan palabras como "me gusta" y "Te ves bien." Prestar atención a si el estudiante entiende o no un paso que se le enseña. Si no está aprendiendo o entendiendo el paso, entonces necesita descomponerlo más.

C. Percepciones, Pensamientos y Sentimientos

Resaltar las percepciones es una parte crítica para crear libros de fotos sobre habilidades sociales. Cuanto mejor entiende el estudiante lo que la gente piensa y siente, más probable es que entienda por qué representar la habilidad. Es importante demostrar de forma clara el beneficio que tendrá para el estudiante participar en la habilidad. ¿Es porque hace más feliz a la otra persona y luego ésta última te dará algo que quieres o jugará contigo de nuevo? Por ejemplo, la habilidad "Aceptar un NO" ilustra lo que otras personas se sienten bien cuando tu aceptas un "no" y que es probable que más adelante obtengas lo que deseas. O "gestionar el perder" enseña que otros estarán contentos y jugarán contigo otra vez si no te vuelves colérico cuando pierdes.

D. Ensamblar los libros de fotos de las habilidades sociales los

Los libros de fotos pueden crearse de varias formas. Una vez se ha identificado una habilidad y se han pensado detenidamente las percepciones y la verbalización, hay que hacer un mapa con los pasos de la habilidad y qué fotos son necesarias. Tan pronto como sea posible, utiliza al estudiante como modelo para las fotos. Haz posar a los estudiantes para las fotos mientras están practicando cada paso de la habilidad, modelando primero lo que hay que hacer en cada paso. No te preocupes si el estudiante no entiende la habilidad a la primera, ya que el aprendizaje se reforzará después de crear el juego de fotos. Los libros de totos de las habilidades sociales que hay en este libro se tomaron originalmente con una cámara digital y luego se importaron a una presentación en Microsoft PowerPoint, donde se crearon las burbujas y los textos. Puede generarse un proceso similar usando una variedad adecuada de software de fotos o programas de publicación de escritorio/diseño. De forma alternativa, pueden hacerse las fotos con una cámara no digital y pegarlas en papel. Luego, las burbujas y los textos pueden escribirse a mano o a máquina en papel de color y pegadas a las fotos. Hay que ser uniforme al utilizar un color para las burbujas que expresen verbalización y otro color para las burbujas de pensamiento/percepción, para no confundir al estudiante. Los estudiantes no sólo pueden posar para las fotos, sino que también pueden participar recortando, pegando y montando las habilidades. Con algunos estudiantes, el ejercicio de secuenciar la habilidad en el orden correcto puede convertirse en un juego para potenciar más la comprensión de los pasos individuales.

Lo que es más importante, crear nuevos libros de fotos de habilidades sociales, con o sin el estudiante, debería ser divertido. La modificación del comportamiento puede ser una tarea desafiante para muchos padres y profesores. Los libros de fotos de habilidades sociales son una forma creativa y divertida de reducir el estrés asociado a menudo con la enseñanza de comportamientos alternativos. Un estrés reducido puede traducirse en enseñar mejor y más progreso para tu hijo o estudiante. Así que, diviértete y sé creativo.

Pasos de muestra hacia otras habilidades

A continuación, analizamos para ti dos nuevas tareas sobre habilidades, seguido de sugerencias para otras habilidades que podrían ser adecuadas para tu hijo o estudiante, con quien trabajar. Individualizar los pasos tanto como sea necesario para hacerlos más fáciles de usar y lo más comprensibles posible para el niño en particular.

¡No seas la norma policía!

- No le digas a los demás lo que deben hacer. No es tu trabajo hacer que la gente siga las reglas. Si le dices a los demás qué normas deben seguir o te ríes de ellos por no seguir las normas, pueden enfadarse contigo.
- Se hacen algunas excepciones cuando es correcto que le digas a la gente qué reglas seguir:
  - Cuando eres el profesor, el jefe o te pones a cargo de otras personas.
  - Cuando la gente te pregunta qué son las normas.
  - Cuando la gente rompe una norma que podría causar un gran peligro para sí mismos o para los demás. Si la gente hace algo para herirte, puedes usar la declaración "Yo" o decirle a un adulto lo que han hecho.

Cómo lidiar con temores específicos (también consulte la sección: Tratar algo nuevo para obtener ideas)

- Dile a alguien que tienes miedo, en vez de correr, gritar o esconderte.
- Piensa "me sentiré mejor después de haberlo intentado."
- Descompón lo que quieres hacer en pasos más pequeños y fáciles.
  - Si tienes miedo de probar una comida nueva, intenta primero sólo mirarla, luego observar como otros la comen, luego oliéndola, después lamerla, entonces probar sólo un pequeño bocado.
- Encuentra algo calmante que puedas hacer mientras intentas sobreponerte a tu miedo.
  - Intenta sujetar a un animal de peluche, respira hondo, o lee un libro.
- Ves por cada paso en el punto tres mientras haces la actividad que te calma.
- Recibe una recompensa y halago por efectuar los pasos hacia enfrentarte a tu miedo.

Cómo Lidiar con Disparadores Específicos de la Ira

- Ver la sección: Aceptar un "No" por respuesta, Tratar con errores o Tratar con burlas para obtener ideas
  - Ser Más Flexible cuando Se Produce el Cambio
- Ver Comprometerse para tener ideas.

Dejar una Actividad Favorita

- Ver Aceptar un "No" por respuesta para tener ideas.

REFERENCIAS (REFERENCES)

Baron-Cohen, S. (1995). *Mindblindness*. Cambridge, MA: The MIT Press.

Durand, V.M. (1990). *Severe behavior problems: A functional communication training approach*. New York: Guilford Press.

Frith, U. (1989). *Autism: Explaining the enigma*. Oxford, England: Blackwell.

Gray, C. (1993). *The new social story book - illustrated edition*. Arlington, TX: Future Horizons, Inc.

Grodon, J. & LeVasseur, P. (1995). *Cognitive picture rehearsal: A system to teach self-control*. In K. A. Quill (Ed.) (1995), *Teaching children with autism*. Albany, NY: Delmar Publishing.

Hobson, R.P. (1996). *Autism and the development of the mind*. Mahwah, NJ: Lawrence Erlbaum Associates.

McGinnis, E. & Goldstein, A. (1997). *Skillstreaming the elementary school child: New strategies and perspectives for teaching prosocial skills*. Champaign, IL: Research Press.

Quill, K. A. (Ed.) (1995), *Teaching children with autism*. Albany, NY: Delmar Publishing.

■ SEGUNDA PARTE

HABILIDADES RELACIONADAS CON LA COMUNICACIÓN

No seas un invasor de espacio

Una de las normas sociales escondidas de la conversación es permanecer de pie o sentado a una distancia apropiada de una persona. Sentarse o quedarse de pie demasiado cerca, se le llama como "invadir su espacio."

Quédate de pie a, al menos, la longitud de un brazo cuando hables con otra persona.

- **No te acerques demasiado. (Una excepción es cuando hablas con tu padre o tu madre o un familiar cercano.)**

- **No seas un invasor de espacio cuando quieras jugar con otros niños o adultos.**

No seas un invasor de espacio cuando quieres jugar con otros niños o adultos.

Forma Correcta

Están a al menos un brazo de distancia mientras hablan.

¿Puedo ver el dinosaurio?

Me gusta que no esté demasiado cerca.

Forma Incorrecta

El chico está demasiado cerca. Está siendo un invasor de espacio.

Esto me enfada y me hace sentir incómodo.

No seas un invasor de espacio cuando digas "Hola" a otras personas.

Forma Correcta

Están a al menos un brazo de distancia.

Forma Incorrecta

El chico está demasiado cerca de su profesor. Está siendo un invasor de espacio.

No seas un invasor de espacio cuando estés de pie en una cola.

Forma Correcta
Dejan algo de espacio entre uno y otro.

Forma Incorrecta
Los chicos están demasiado cerca unos de otros.
Están siendo invasores de espacio.

CONSEJO

A veces no tienes otra opción que estar demasiado cerca de otras personas, como cuando estás en un ascensor o en un autobús o tren demasiado llenos. Es normal. Pero cuando tienes espacio, asegúrate de dejar algo de espacio entre tú y la otra persona.

No seas un invasor de espacio cuando estás hablando con tu profesor.

Forma Correcta

El niño está al menos la distancia de un brazo de su profesor.

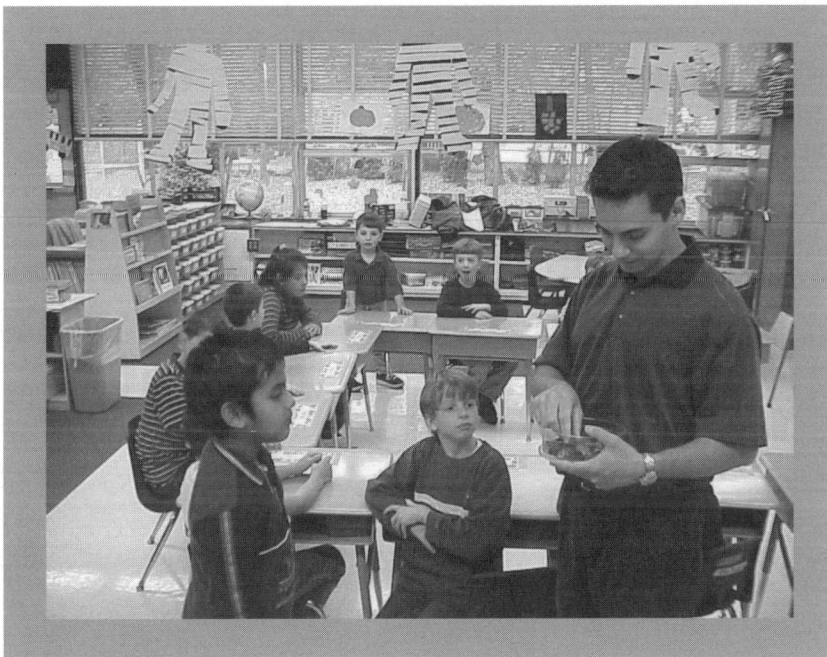

Forma Incorrecta

Los estudiantes están demasiado cerca del profesor. Están siendo invasores de espacio.

Posición para escuchar

Cuando otra persona está hablando, es importante ser un buen oyente. Esto incluye tu mente y tu cuerpo. Esta habilidad trata sobre lo que debería hacer tu cuerpo cuando está escuchando.

- **Mantén el contacto visual.**

- **Deja las manos y los pies quietos. Estate quieto.**

- **No hables. No hables mientras otras personas están hablando.**

Mantén contacto visual con la persona que está hablando.

Forma Correcta
Están mirándole.

Forma Incorrecta
No le están mirando.

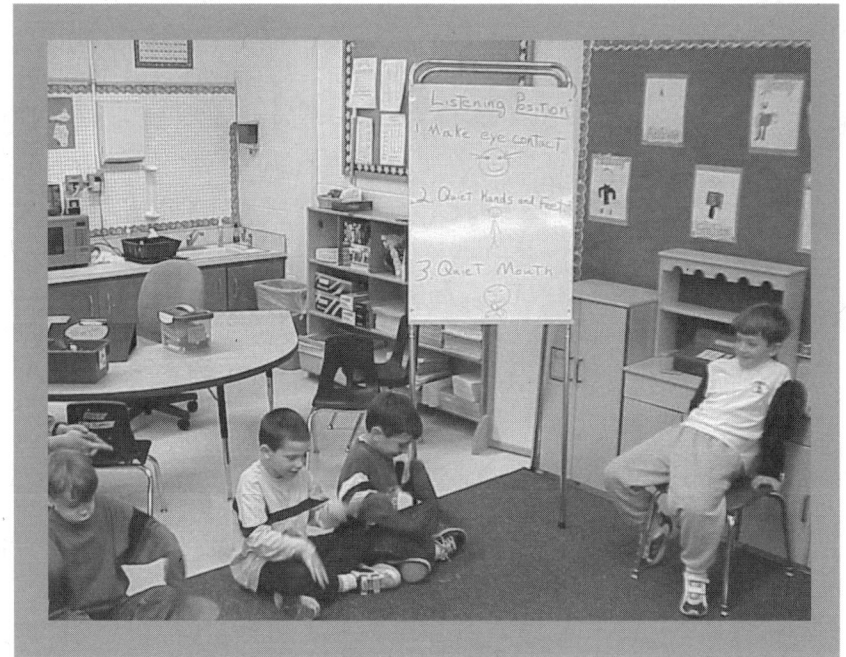

CONSEJO Te ayudará girar tu cuerpo hacia la persona que está hablando.

Deja las manos y los pies quietos. Quédate quieto; no vayas moviéndote ni paseándote alrededor.

Forma Correcta

Están quietos.

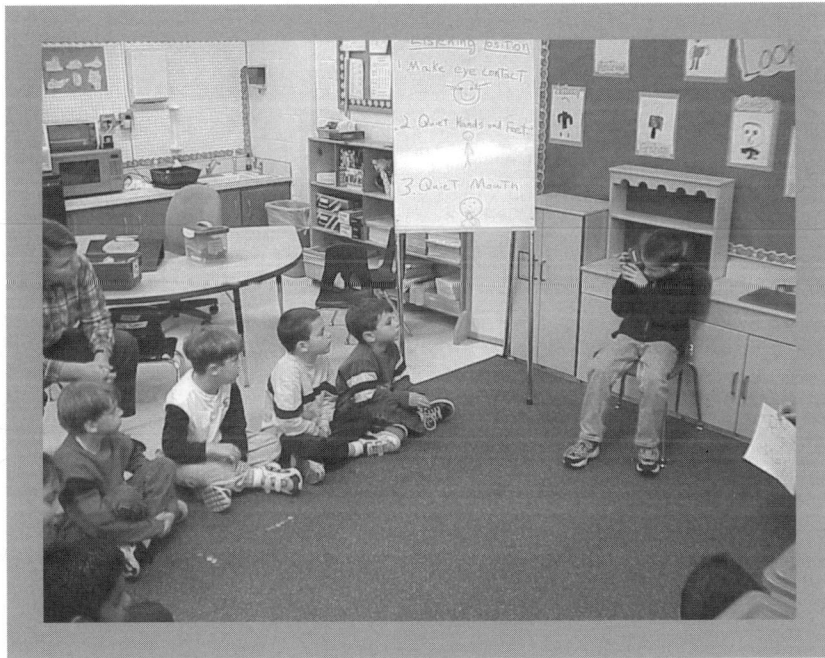

Forma Incorrecta

Están moviendo los pies y las manos.

Estos niños están siendo maleducados moviéndose mientras el chico está hablando. Envía un mensaje de que no les importa el chico o lo que tiene que decir.

No hables. No hables mientras otras personas están hablando.

Forma Correcta

No están hablando mientras la niña de la silla habla.

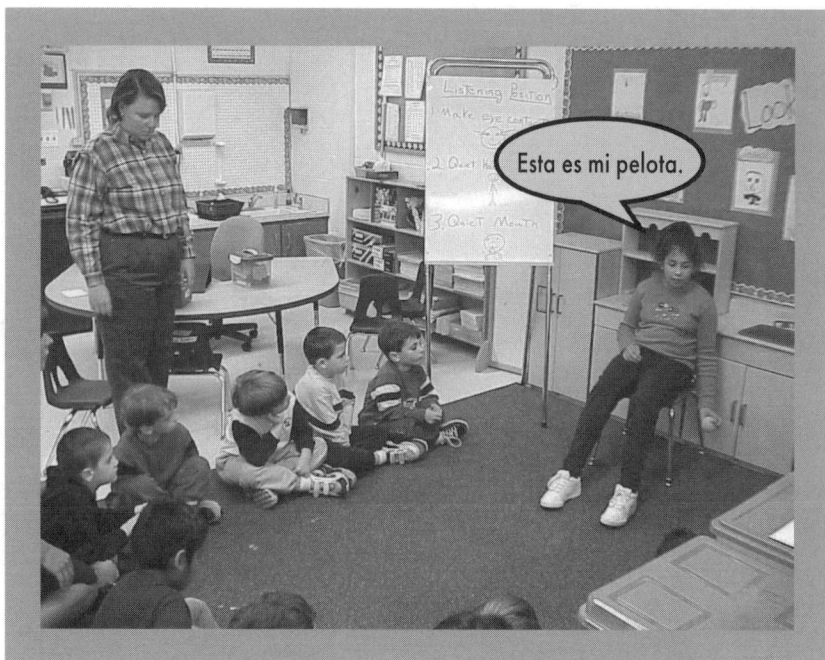

Forma Incorrecta

Están hablando mientras la niña también está hablando.

Interrumpir I - Pedir ayuda para abrir un tarro

- **A veces es normal interrumpir a la gente que están atareados o hablando.**
  Si necesitas ayuda, información, o guía
  Si hay una emergencia
  Si quieres algo

- **Camina hacia la persona(s) y espera a que haga una pausa en la conversación o actividad.**

- **Di "Perdón...." luego pide lo que quieres o necesitas.**

- **Espera a su respuesta.**

- **Di "Gracias" antes de irte.**

Decide si necesitas interrumpir a alguien, porque necesitas ayuda, información o quieres algo.

> Necesito ayuda para abrir ese tarro de galletas.

El niño no puede abrir el tarro. Interrumpirá a los profesores y pedirá ayuda.

Camina hacia la persona(s) y espera a que haga una pausa. Una pausa es cuando otros dejan de hablar.

Forma Correcta

El niño fue hacia los profesores y está esperado a que dejen de hablar y le miren.

Esperaré hasta que dejen de hablar.

Forma Incorrecta

El niño no esperó a que dejaran de hablar. Tiró del brazo de la profesora.

¡Eh, no des tirones! Aquí estamos hablando.

Di "Perdón...." luego pide lo que quieres o necesitas.

Forma Correcta

El niño dice "Perdón" y pide ayuda.

Perdón. ¿Puede ayudarme a abrir ese tarro?

Forma Incorrecta

El niño no dijo "Perdón" ni pidió ayuda. Sólo tiró del brazo del profesor.

¡No! Primero tienes que pedir, sin dar tirones.

Su comportamiento es inadecuado. De esta forma nunca conseguirá ayuda.

¡Ayúdame ahora!

Espera a su respuesta. Luego di "Gracias" antes de irte.

El niño esperó a que los profesores le ayudaran a abrir el tarro.

Interrumpir II - Ayuda con el cierre

- **A veces es normal interrumpir a la gente que están atareados o hablando.**
Si necesitas ayuda, información, o guía
Si hay una emergencia
Si quieres algo

- **Camina hacia la persona(s) y espera a que haga una pausa en la conversación o actividad.**

- **Di "Perdón...." luego pide lo que quieres o necesitas.**

- **Espera a su respuesta.**

- **Di "Gracias" antes de irte.**

Decide si necesitas interrumpir a alguien, porque necesitas ayuda, información o quieres algo.

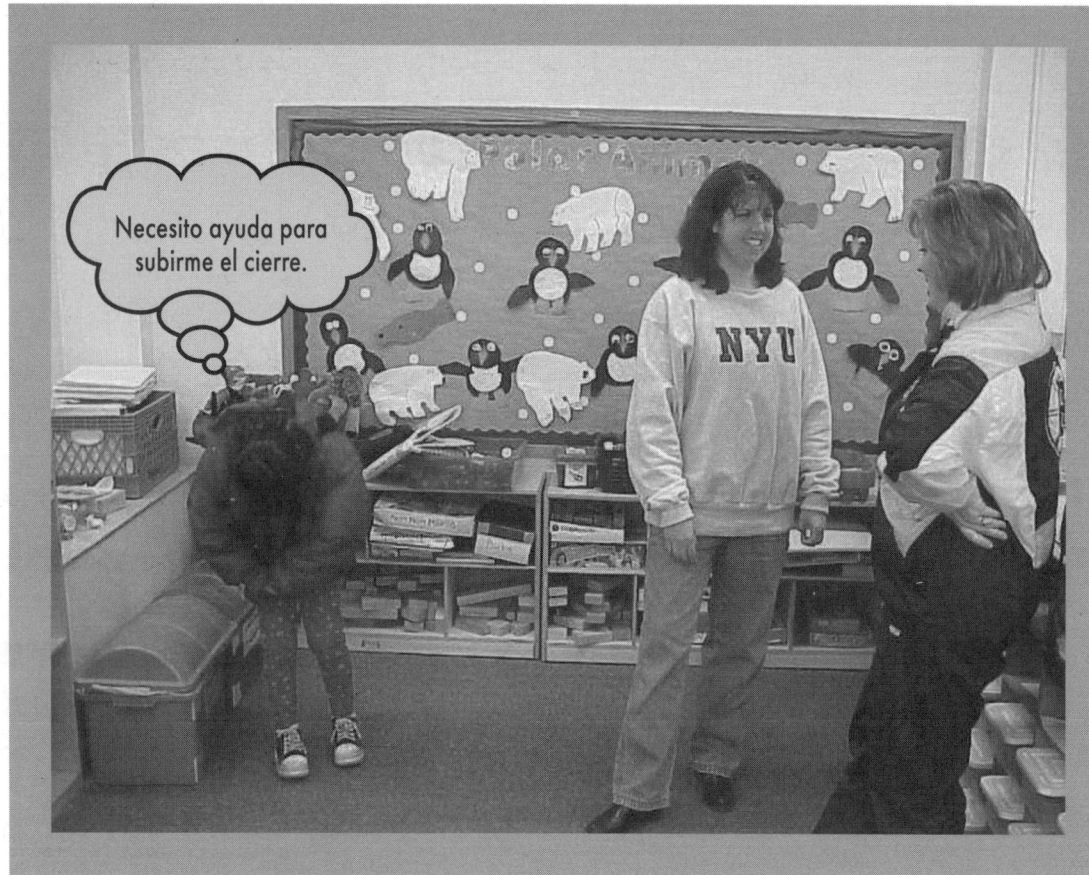

La niña no puede subirse el cierre de su abrigo. Interrumpirá a los profesores y pedirá ayuda.

Camina hacia la persona(s) y espera a que haga una pausa. Una pausa es cuando otros dejan de hablar.

Forma Correcta

La niña fue hacia los profesores y está esperado a que dejen de hablar y la miren.

Forma Incorrecta

La niña no esperó a que dejaran de hablar. Tiró del brazo del profesor para atraer su atención.

Di "Perdón...." luego pide lo que quieres o necesitas.

Forma Correcta

La niña dice "Perdón" y pide ayuda.

Forma Incorrecta

La niña no dijo "Perdón" ni pidió ayuda. Sólo tiró del brazo del profesor.

Espera a su respuesta. Luego di "Gracias" antes de irte.

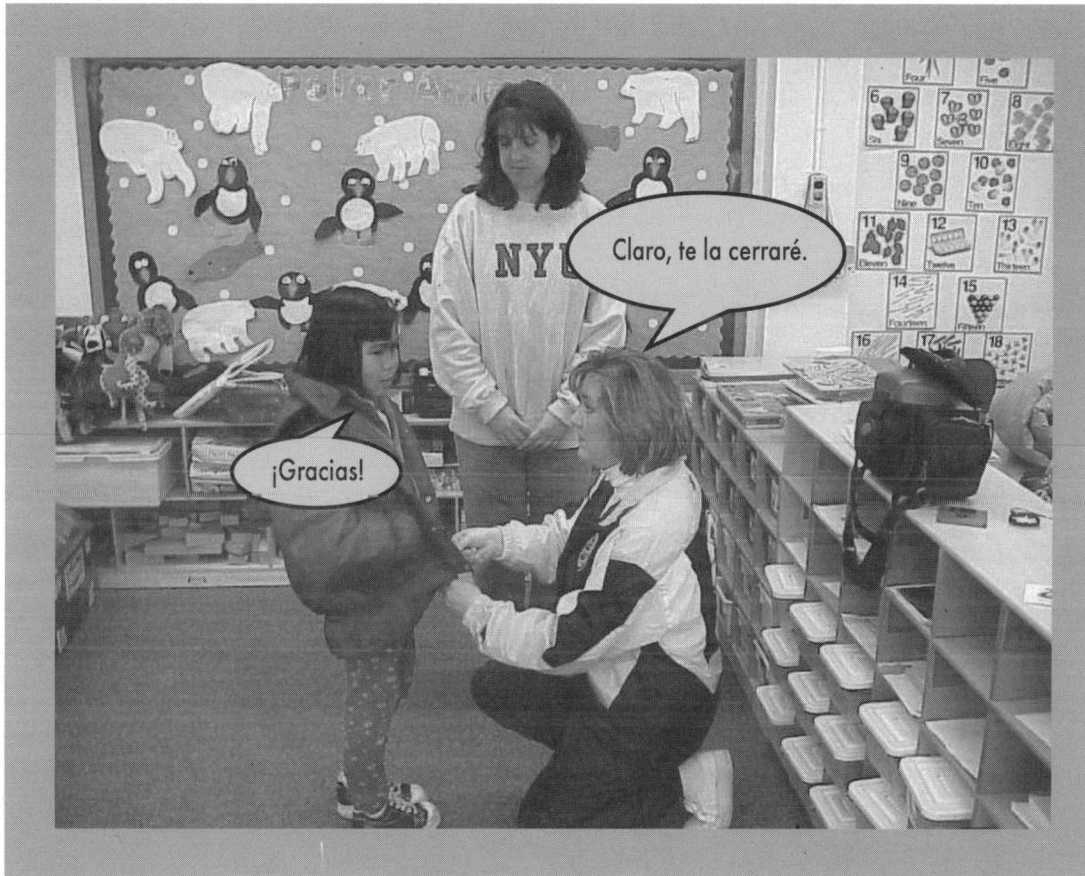

La niña esperó a que el profesor le ayudara a subir la cremallera de su abrigo.

Interrumpir III - pedir un juguete a los compañeros

- **A veces es normal interrumpir a la gente que están atareados o hablando.**
  Si necesitas ayuda, información, o guía
  Hay una emergencia
  Si quieres algo

- **Camina hacia la persona(s) y espera a que haga una pausa en la conversación o actividad.**

- **Di "Perdón...." luego pide lo que quieres o necesitas.**

- **Espera a su respuesta.**

- **Di "Gracias" antes de irte.**

Decide si necesitas interrumpir a alguien, porque necesitas ayuda, información o quieres algo.

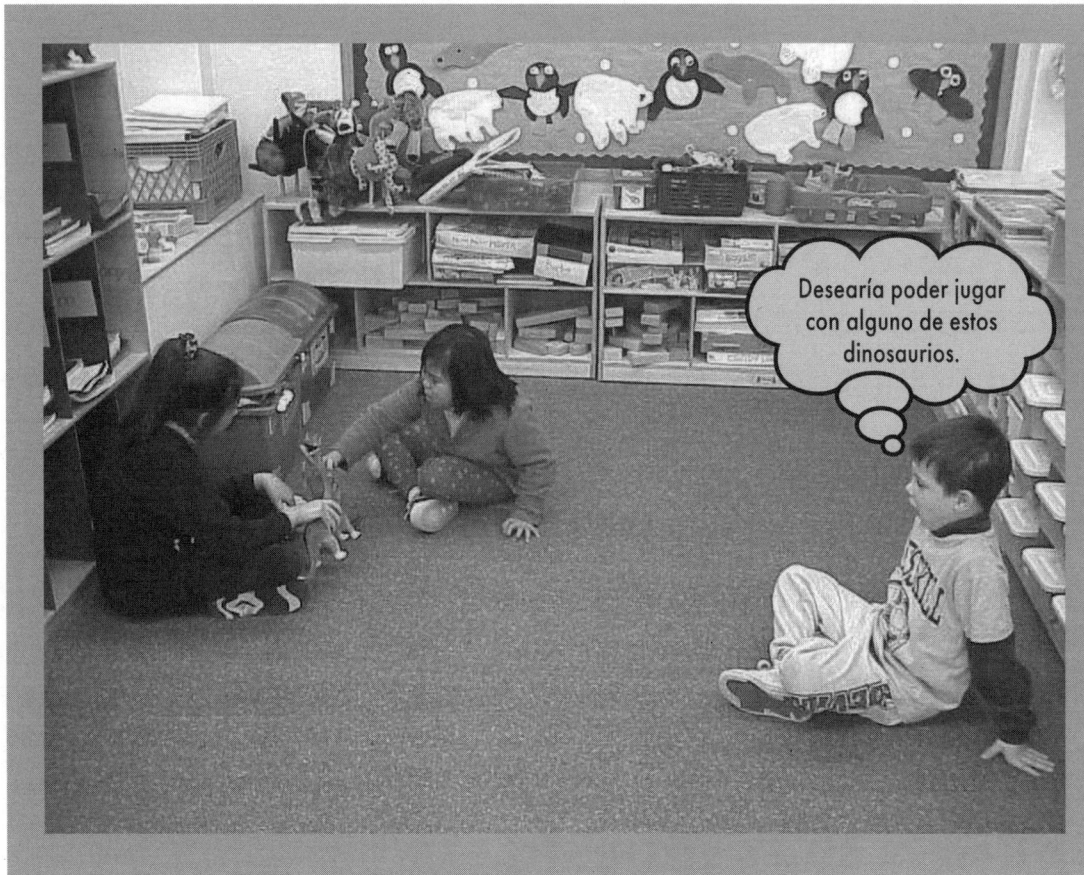

El niño quiere jugar con uno de los dinosaurios.
Necesitará interrumpir a las niñas.

Camina hacia la persona(s) y espera a que haga una pausa. Una pausa es cuando otros dejan de hablar.

Forma Correcta

El niño fue hacia las niñas y está esperado a que dejen de hablar y le miren.

> Esperaré hasta que me miren.

Forma Incorrecta

El niño no esperó a que dejaran de jugar. Tiró del hombro de la niña para atraer su atención.

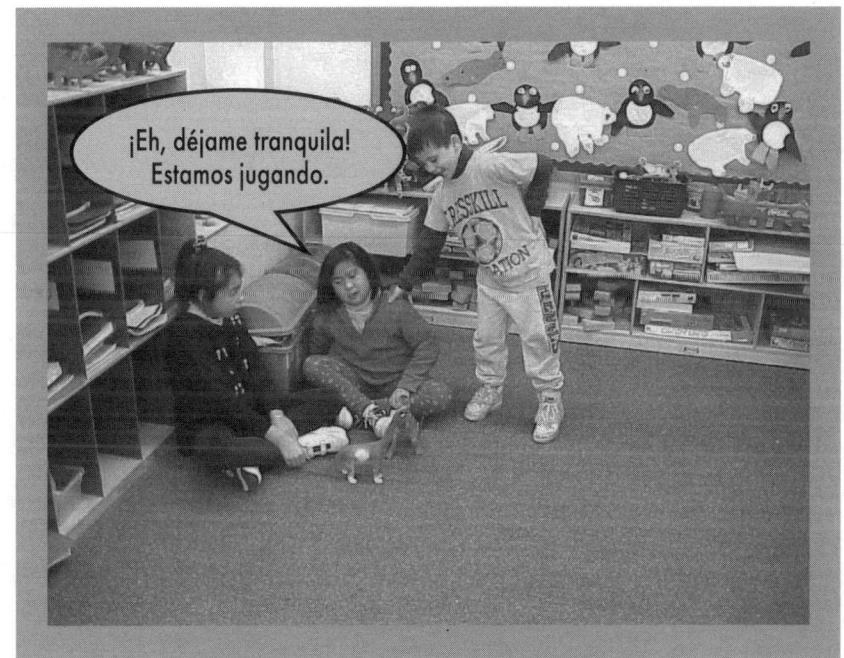

> ¡Eh, déjame tranquila! Estamos jugando.

Di "Perdón...." luego pide lo que quieres o necesitas.

Forma Correcta

El niño dice "Perdón" y pide jugar con el dinosaurio.

Perdón. ¿Puedo jugar con uno de los dinosaurios?

Forma Incorrecta

El niño no dijo "Perdón" ni pidió jugar con el dinosaurio. Sólo intentó coger el dinosaurio.

¡Dámelo!

Está siendo desagradable. De esta forma nunca lo conseguirá.

¡No!

Espera a su respuesta. Luego di "Gracias" antes de irte.

El niño esperó a que las niñas le dieran el dinosaurio.

Saludos

- **Es agradable y educado decir "Hola" o alguna otra forma de saludo cuando ves a alguien que conoces durante el día.**

- **Por la mañana, la primera vez que ves a alguien deberías decir "Buenos días."**

- **Cuando te cruzas con alguien en la entrada, di "Hola."**

- **Cuando alguien se va al acabar el día, puedes decir "hasta la vista," "adiós," o "hasta luego."**

La primera vez que ves a alguien cada día, deberías decir "Hola."

La primera vez que los estudiantes ven a su profesora durante el día, le dicen "Hola."

CONSEJO

A veces es educado y agradable decir "hola" a personas que no conoces muy bien, como un profesor nuevo, el director, el dependiente de la tienda de comestibles o la persona de tu restaurante de comida rápida favorito. Deberías decir "hola" la primera vez que los ves durante el día, no cada vez que los ves durante el mismo día.

■ Por la mañana, la primera vez que ves a alguien, deberías decirle "Buenos días."

Forma Correcta

The first time the student sees her teacher in the morning, she says "Good morning."

Forma Incorrecta

La primera vez que la niña ve a su profesora por la mañana, no le dice nada.

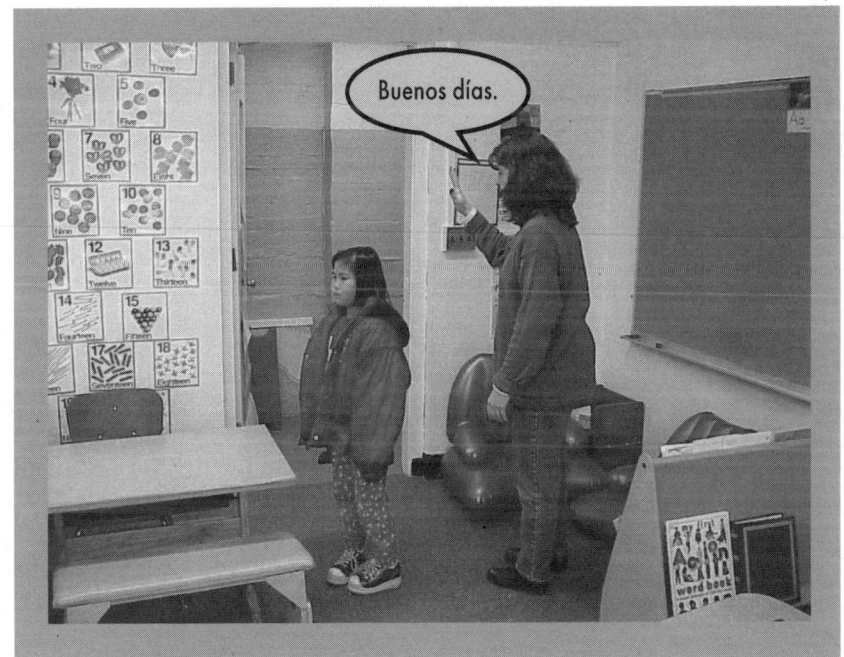

CONSEJO Sonríe y haz contacto visual cuando saludes a la persona.

Cuando te cruzas con alguien en la entrada, di "Hola."

Forma Correcta
Ellos se cruzan y dicen "Hola."

Forma Incorrecta
Ellos se cruzan y no se dicen "Hola."

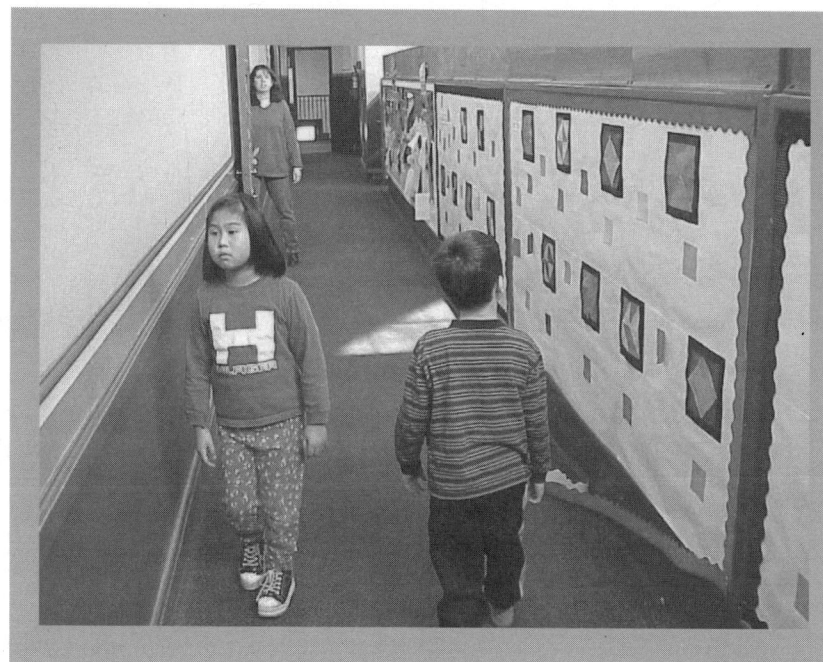

CONSEJO

Sonríe y mantén contacto visual cuando saludes a la persona. Está bien añadir también un movimiento de la mano.

Cuando alguien se va al acabar el día, puedes decir "hasta la vista, "adios", o "hasta luego."

Forma Correcta	Forma Incorrecta
La niña se va, así que dice "Adiós."	La niña se va, pero se olvida de decirle nada a su profesora.

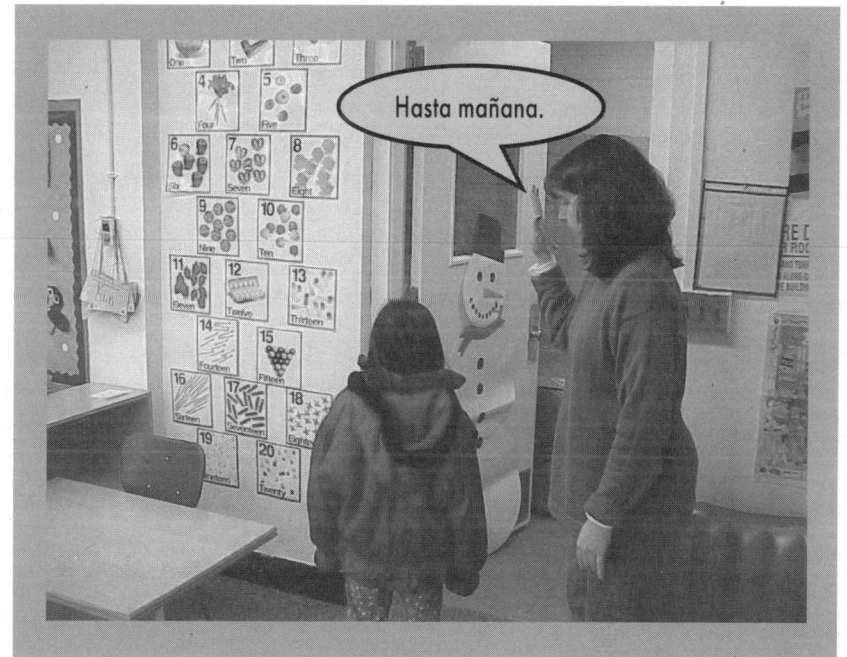

Cuando alguien se va al acabar el día, puedes decir "hasta la vista", "adiós", o "hasta luego."

Forma Correcta

El Dr. Baker se va, así que los estudiantes dicen "adiós" y "hasta luego."

Forma Incorrecta

El Dr. Baker se va, pero los estudiantes le ignoran. Ninguno le dice adiós.

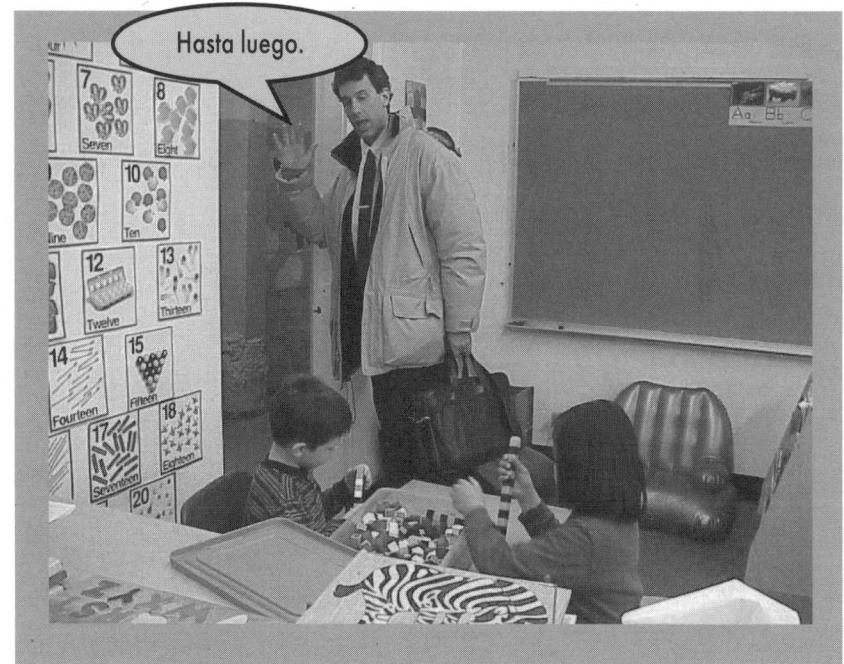

CONSEJO

Mantén contacto visual con la persona que se va y sonríe. Una pausa es cuando otros dejan de hablar.

Escuchar (durante una conversación)

- **Mantén contacto visual con la persona que está hablando.**

- **Estate quieto y callado.**

- **Espera a que hagan una pausa en la conversación antes de decir algo.**

- **Haz una pregunta sobre lo que la otra persona está diciendo para mostrar tu interés.**

Mantén contacto visual.

Forma Correcta

Los estudiantes están mirando al niño que habla.

Forma Incorrecta

Están mirando alrededor de la sala. No están mirando al niño que habla.

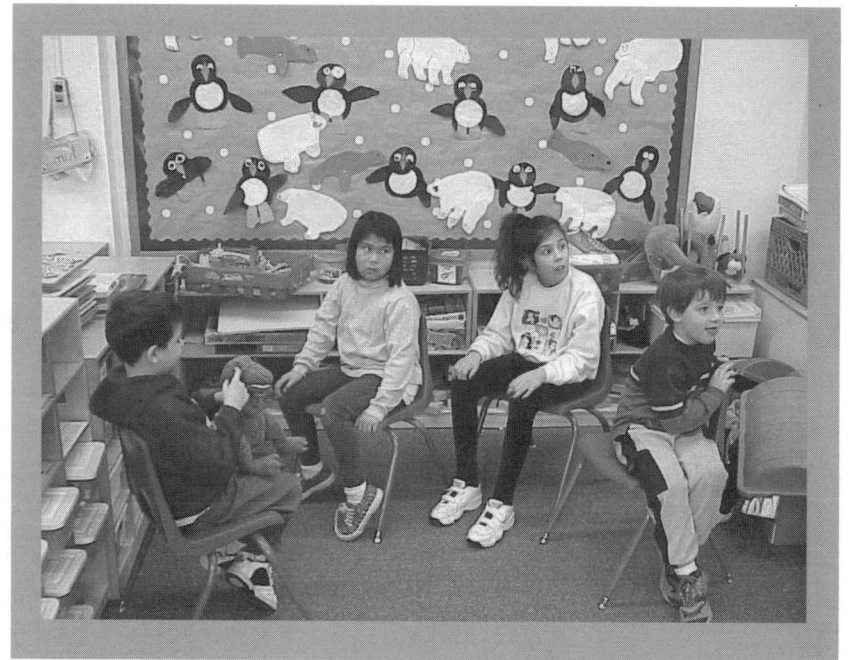

Quédate quieto y callado mientras la persona está hablando.

Forma Correcta

Los estudiantes se quedan quietos en sus asientos y están tranquilamente escuchando lo que dice el niño.

Forma Incorrecta

Están moviéndose alrededor y haciendo ruido.

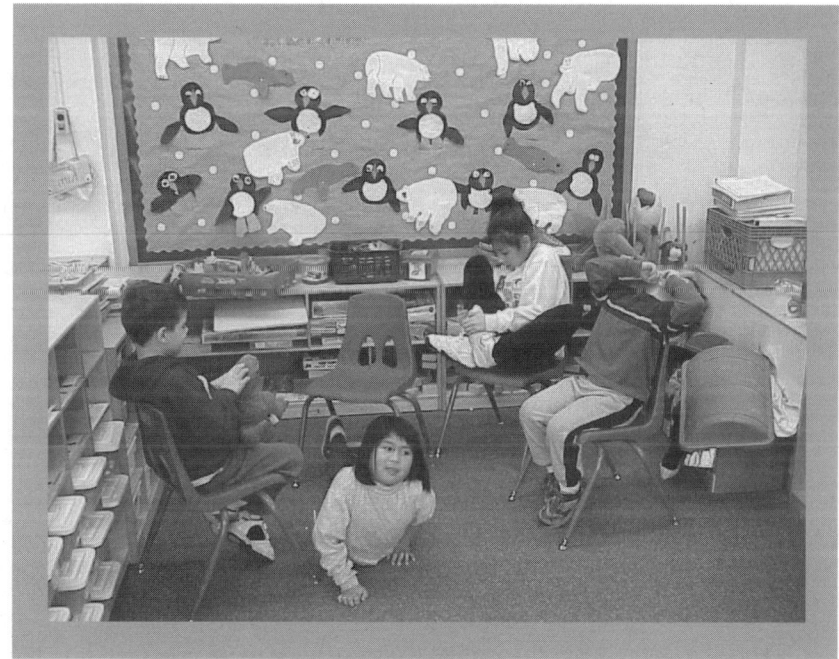

CONSEJO

Está bien asentir con la cabeza o sonreír a veces para mostrarle a la persona que habla que la estás escuchando.

Esperar a que se haga una pausa. Esto significa, no hablar cuando la otra persona está hablando.

Forma Correcta

Los estudiantes no están hablando mientras el niño con el dinosaurio habla.

> Este es mi dinosaurio. Su nombre es Rex y vive en mi habitación.

Forma Incorrecta

Están hablando al mismo tiempo que el niño está hablando.

> Este es mi dinosaurio. Y su nombre es....

> ¿Puedo jugar con él?

> ¡Guau!

> ¿De dónde lo has sacado?

Ejemplo 1: Haz una pregunta sobre lo que la otra persona está diciendo para mostrar tu interés.

Forma Correcta

La niña esperó a hacer una pausa y luego hicieron una pregunta QUE sobre el dinosaurio.

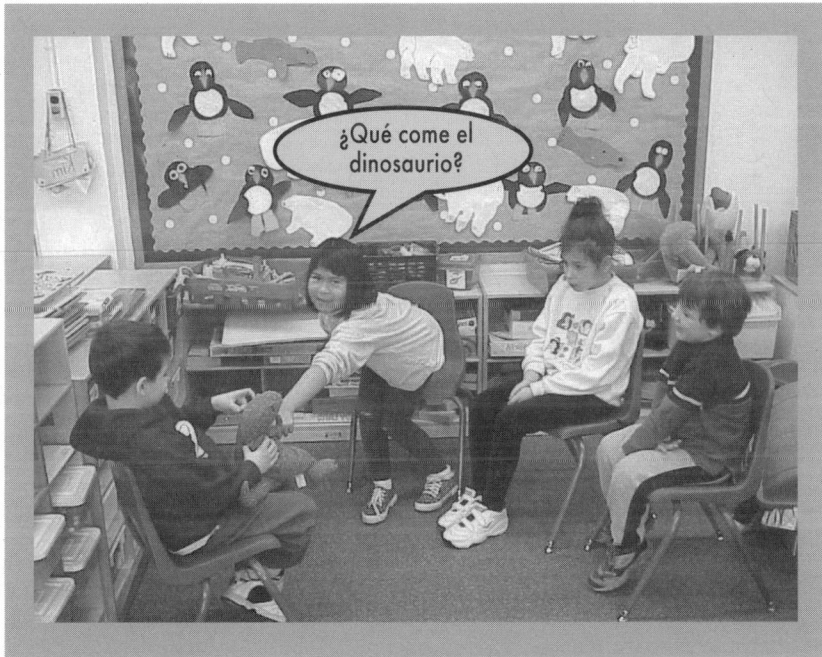

Forma Incorrecta

Ninguno de los estudiantes muestra buenas habilidades de escuchar. La niña no está haciendo una pregunta acerca del dinosaurio.

Ejemplo 2: Haz una pregunta sobre lo que la otra persona está diciendo para mostrar tu interés.

Forma Correcta

La niña esperó a hacer una pausa y luego hicieron una pregunta QUE sobre el dinosaurio.

Forma Incorrecta

Ninguno de los estudiantes muestra buenas habilidades de escuchar. La niña no está haciendo una pregunta acerca del dinosaurio.

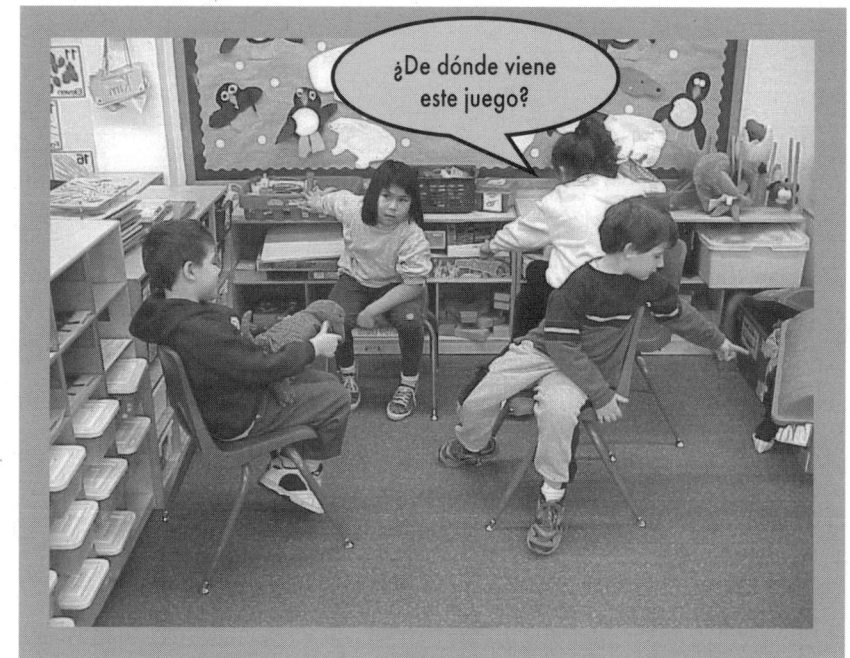

Ejemplo 3: Haz una pregunta sobre lo que la otra persona está diciendo para mostrar tu interés.

Forma Correcta

El niño esperó a que se hiciera una pausa y luego hizo una pregunta de COMO sobre el dinosaurio.

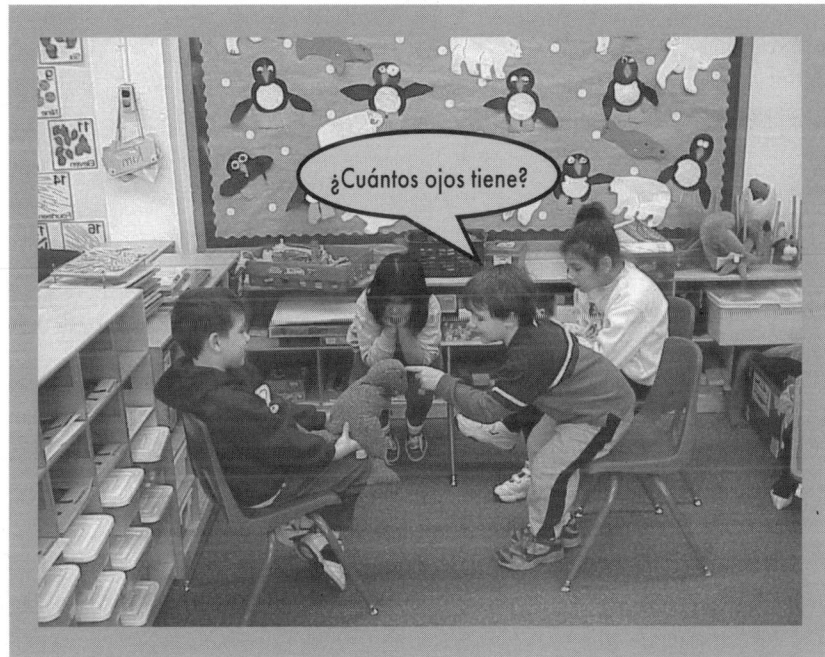

¿Cuántos ojos tiene?

Forma Incorrecta

Ninguno de los estudiantes muestra buenas habilidades de escuchar. El niño no está haciendo una pregunta acerca del dinosaurio.

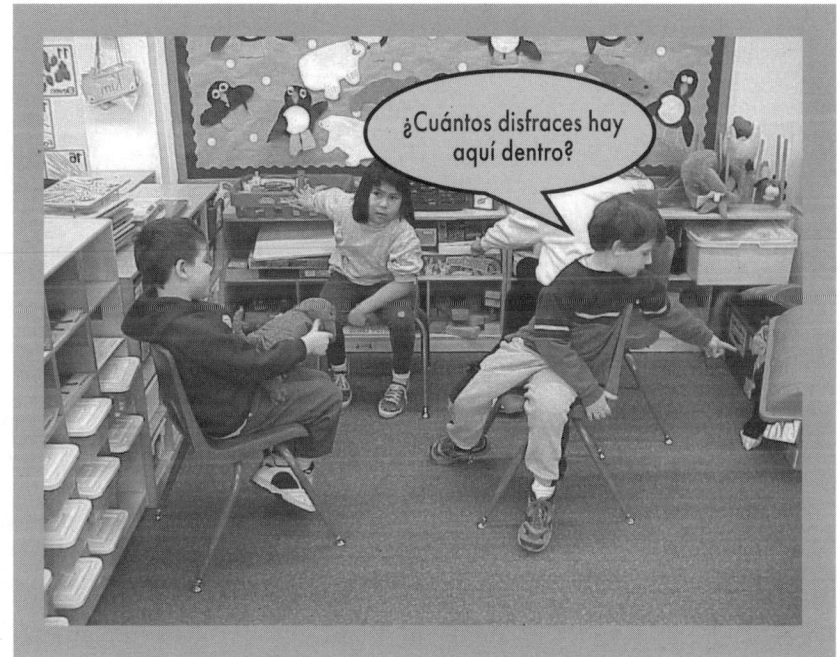

¿Cuántos disfraces hay aquí dentro?

Empezar y mantener una Conversación I (acerca del presente)

Puedes empezar una conversación de muchas maneras. Una manera es hablar sobre algo que está sucediendo en el momento presente.

- **Cuando ves a alguien por primera vez durante el día, salúdale. (Véase Presentarse, página 31.)**

- **Haz una pregunta acerca de lo que él/ella está haciendo.**
  ¿Qué estás comiendo?
  ¿A qué estás jugando?
  ¿Qué estás leyendo?
  ¿Qué tienes?

- **Haz preguntas de seguimiento sobre la actividad, usando QUIEN, QUÉ, DONDE, POR QUÉ y CÓMO.**

Cuando ves a alguien por primera vez durante el día, di "Buenas" o "Hola" y pregunta "¿Cómo estás?"

CONSEJO

Véase Presentarse, página 31.
Recuerda mantener el contacto visual y sonreír.

Ejemplo 1: Haz una pregunta acerca de lo que están haciendo.

Cuando alguien está comiendo.

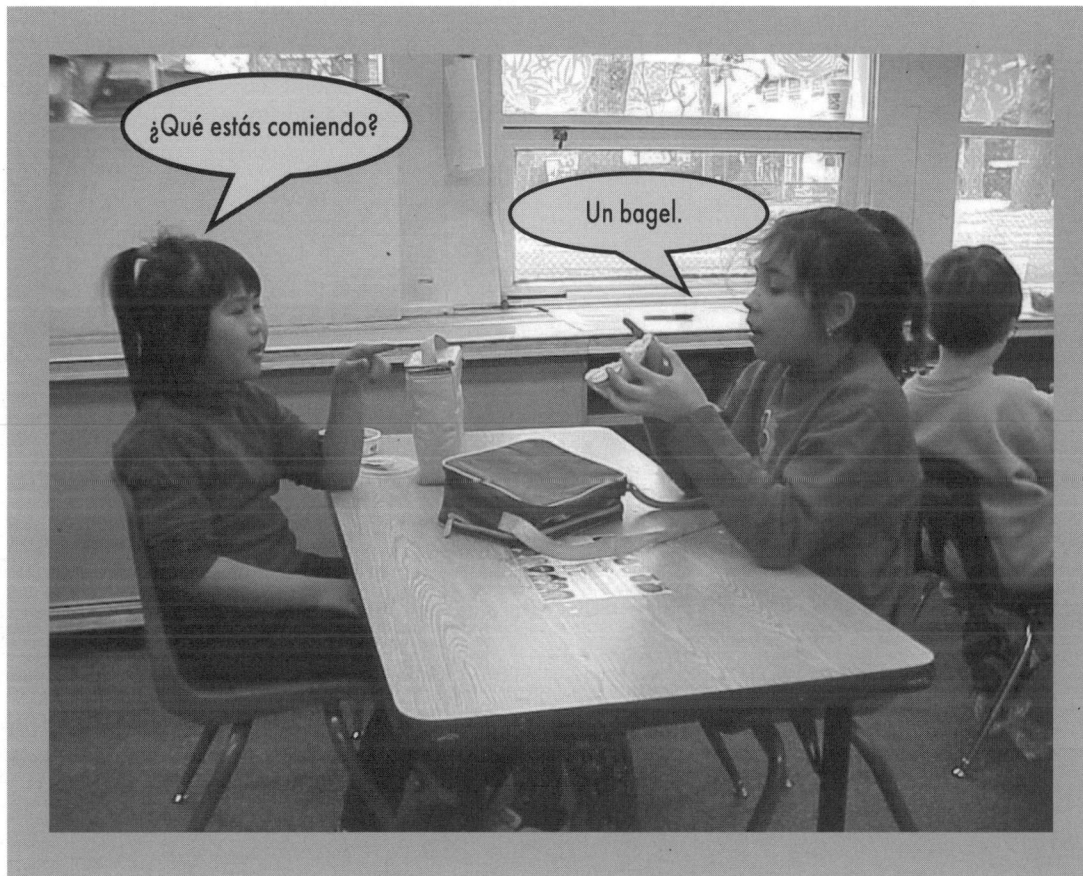

Haz preguntas de seguimiento acerca de la actividad. (Preguntas QUIÉN, QUÉ, DÓNDE, CUÁNDO, POR QUÉ y CÓMO)

Ejemplo 2: Haz una pregunta acerca de lo que están haciendo.

Cuando alguien está jugando.

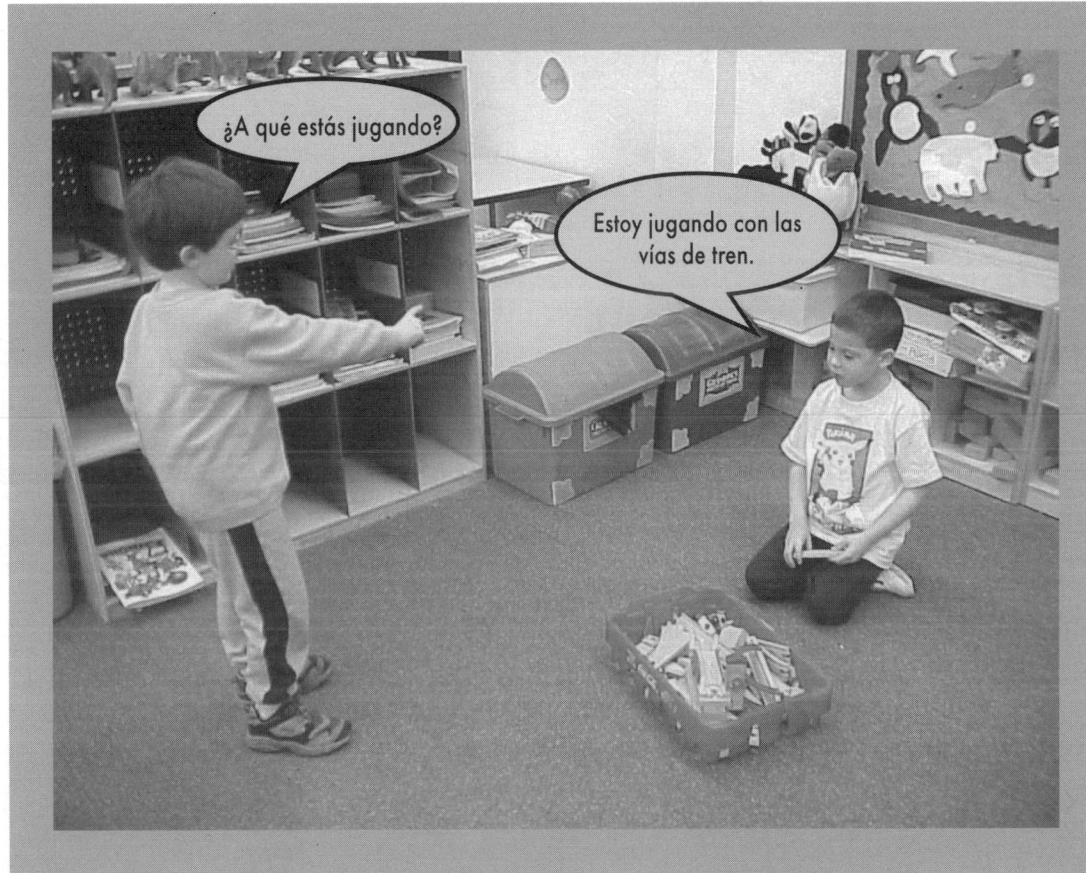

Haz preguntas de seguimiento acerca de la actividad.
(Preguntas QUIÉN, QUÉ, DÓNDE, CUÁNDO, POR QUÉ y CÓMO)

Ejemplo 3: Haz una pregunta acerca de lo que están haciendo.

Cuando alguien está leyendo.

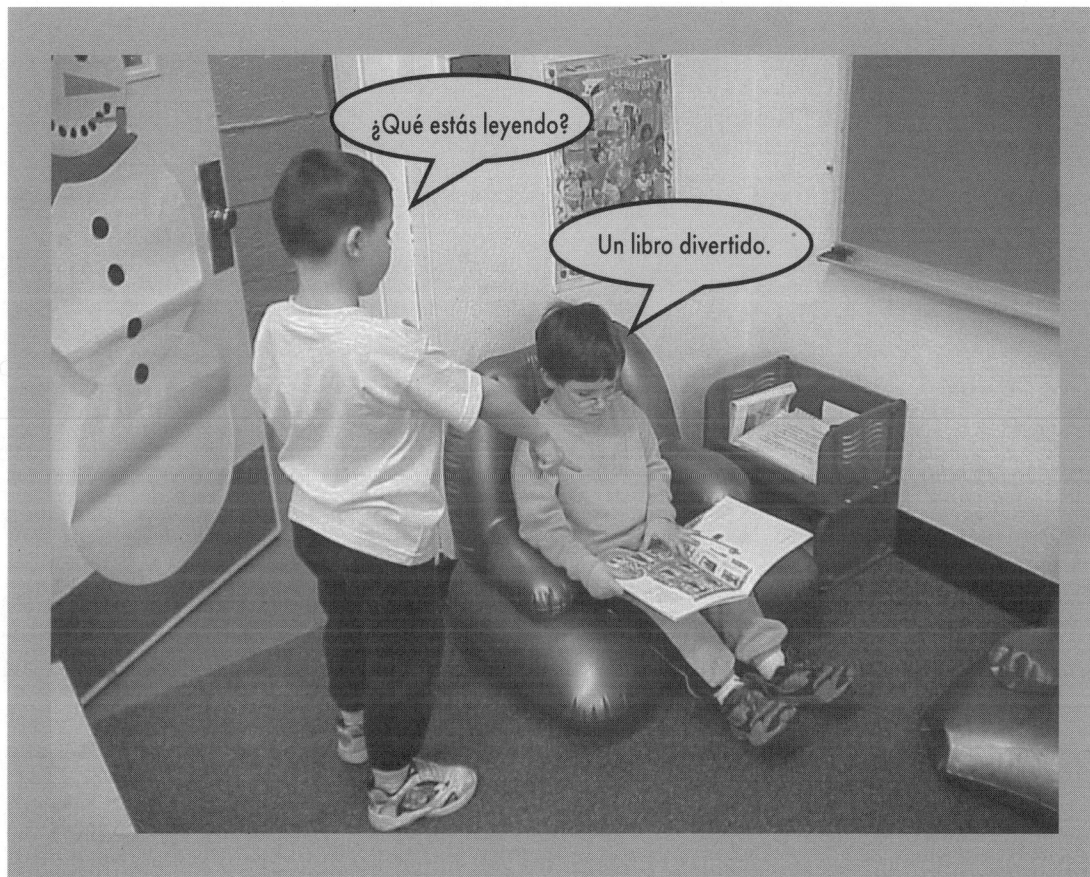

Haz preguntas de seguimiento acerca de la actividad.
(Preguntas QUIÉN, QUÉ, DÓNDE, CUÁNDO, POR QUÉ y CÓMO)

Ejemplo 4: Haz una pregunta acerca de lo que están haciendo.

Cuando alguien tiene algo.

Haz preguntas de seguimiento acerca de la actividad.
(Preguntas QUIÉN, QUÉ, DÓNDE, CUÁNDO, POR QUÉ y CÓMO)

Empezar y mantener una conversación II (acerca del pasado)

Puedes empezar una conversación de muchas maneras. Una manera es hablar de algo que está pasando en el pasado, sea más pronto durante el día o en días anteriores.

- **Cuando ves a alguien por primera vez durante el día, salúdale. (Véase Saludos, página 31.)**

- **Haz una pregunta acerca de lo que hizo.**
  "Qué hiciste hoy? A qué jugaste hoy?"

- **Otras preguntas pueden ser:**
  "A quién viste hoy? Qué hiciste durante el fin de semana? Cómo fue en la escuela hoy?"

- **Haz preguntas de seguimiento sobre la actividad, usando QUIEN, QUÉ, DONDE, POR QUÉ y CÓMO.**

Cuando ves a alguien por primera vez durante el día, di "Buenas" o "Hola" y pregunta "¿Cómo estás"

> Hola. ¿Cómo estás?

> Bien. ¿Cómo estás?

CONSEJO

Véase Saludos, página 31.
Recuerda mantener el contacto visual y sonreír.
No te quedes de pie demasiado cerca de la otra persona: déjale espacio.

Haz una pregunta acerca de lo que hizo.

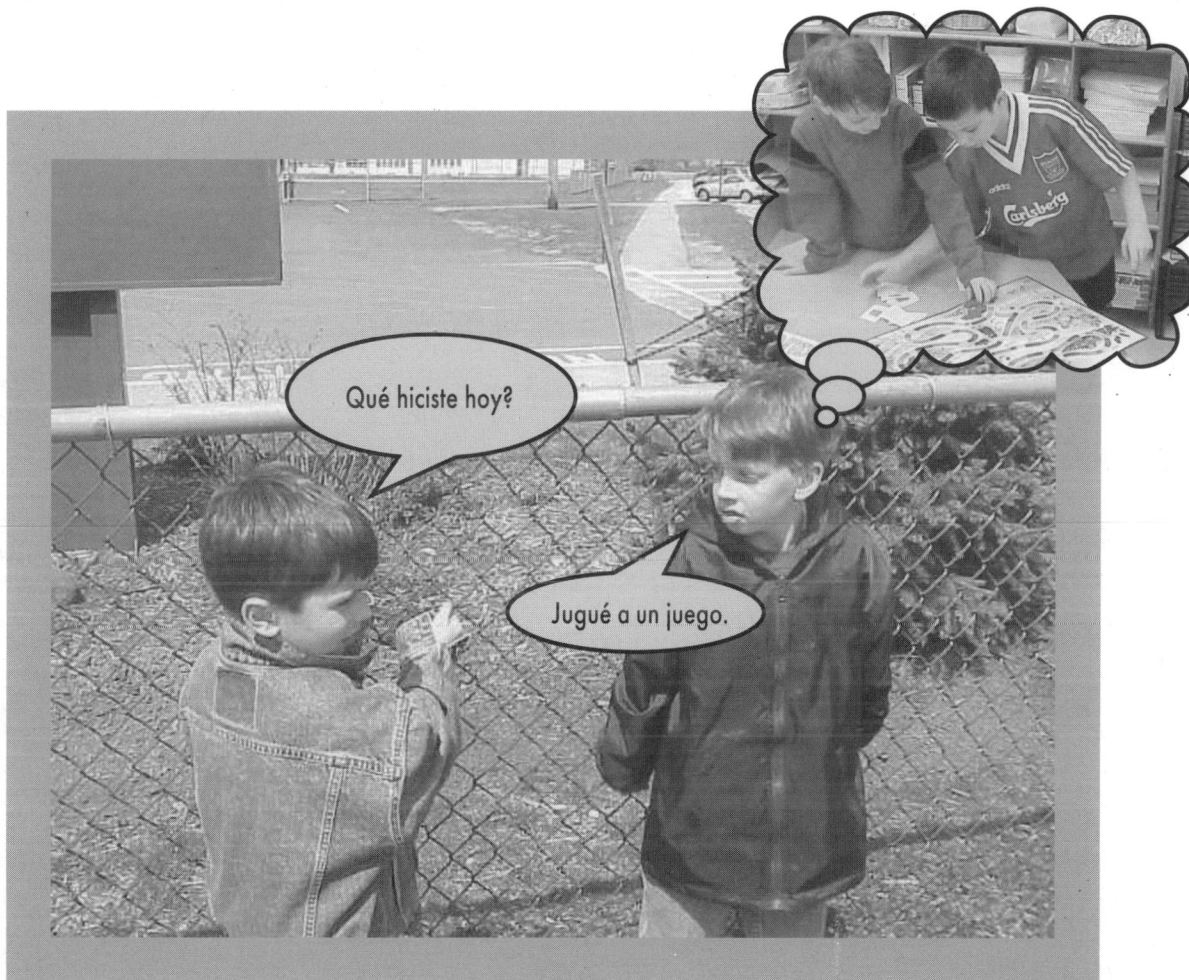

¿Qué hiciste hoy?

Jugué a un juego.

57

Haz preguntas de seguimiento.
(Preguntas QUIÉN, QUÉ, DÓNDE, CUÁNDO y CÓMO)

Haz preguntas de seguimiento. (Preguntas QUIÉN, QUÉ, DÓNDE, CUÁNDO y CÓMO)

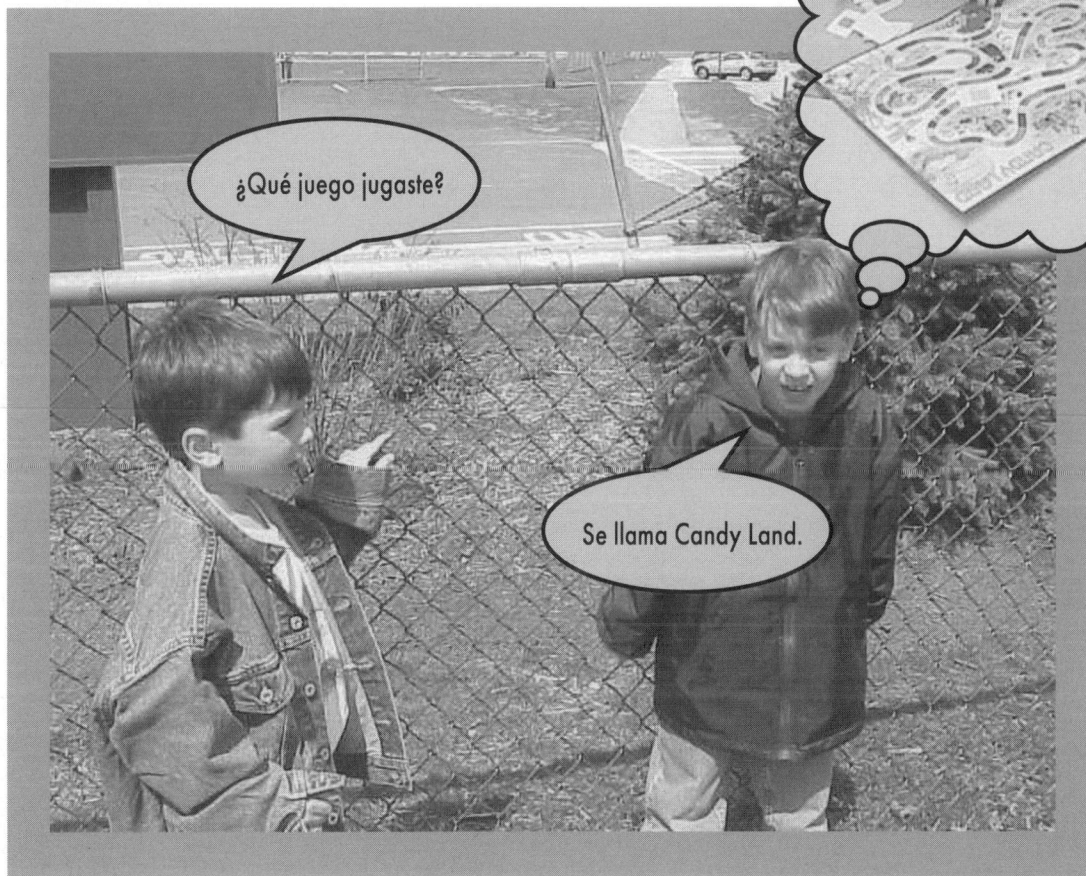

Para seguir manteniendo la conversación, haz otra pregunta. (Preguntas QUIÉN, QUÉ, DÓNDE, CUÁNDO y CÓMO)

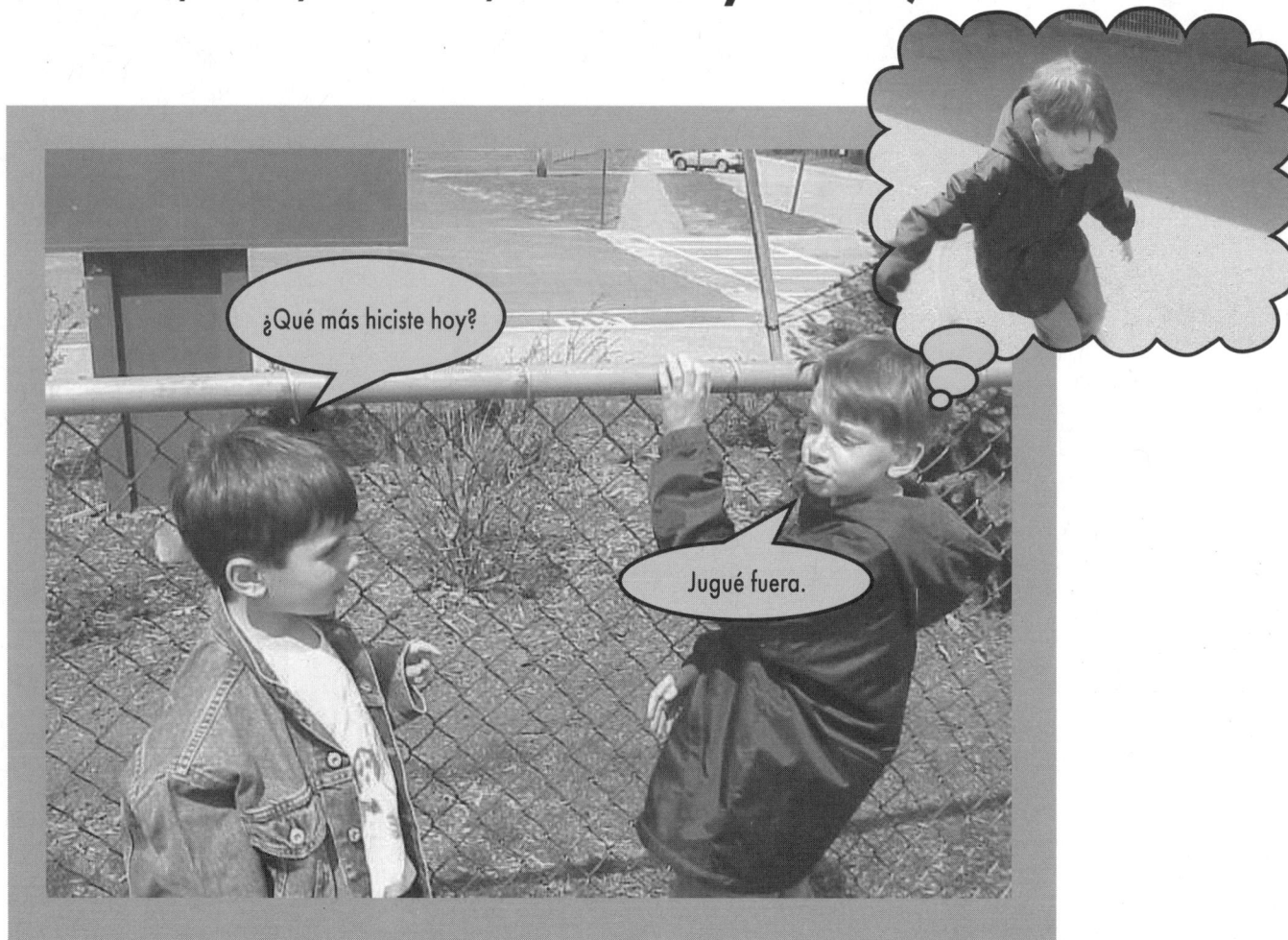

Haz preguntas de seguimiento.
(Preguntas QUIÉN, QUÉ, DÓNDE, CUÁNDO y CÓMO)

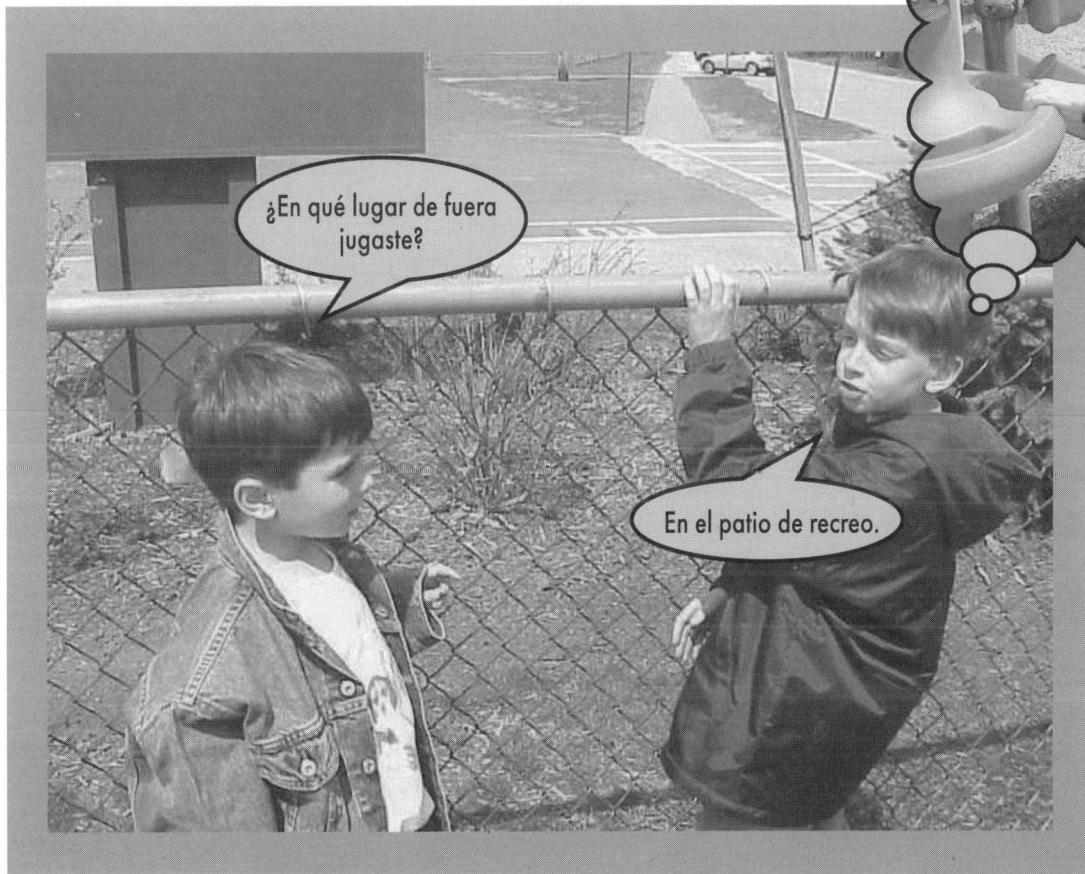

Haz preguntas de seguimiento.
(Preguntas QUIÉN, QUÉ, DÓNDE, CUÁNDO y CÓMO)

Haz preguntas de seguimiento.
(Preguntas QUIÉN, QUÉ, DÓNDE, CUÁNDO y CÓMO)

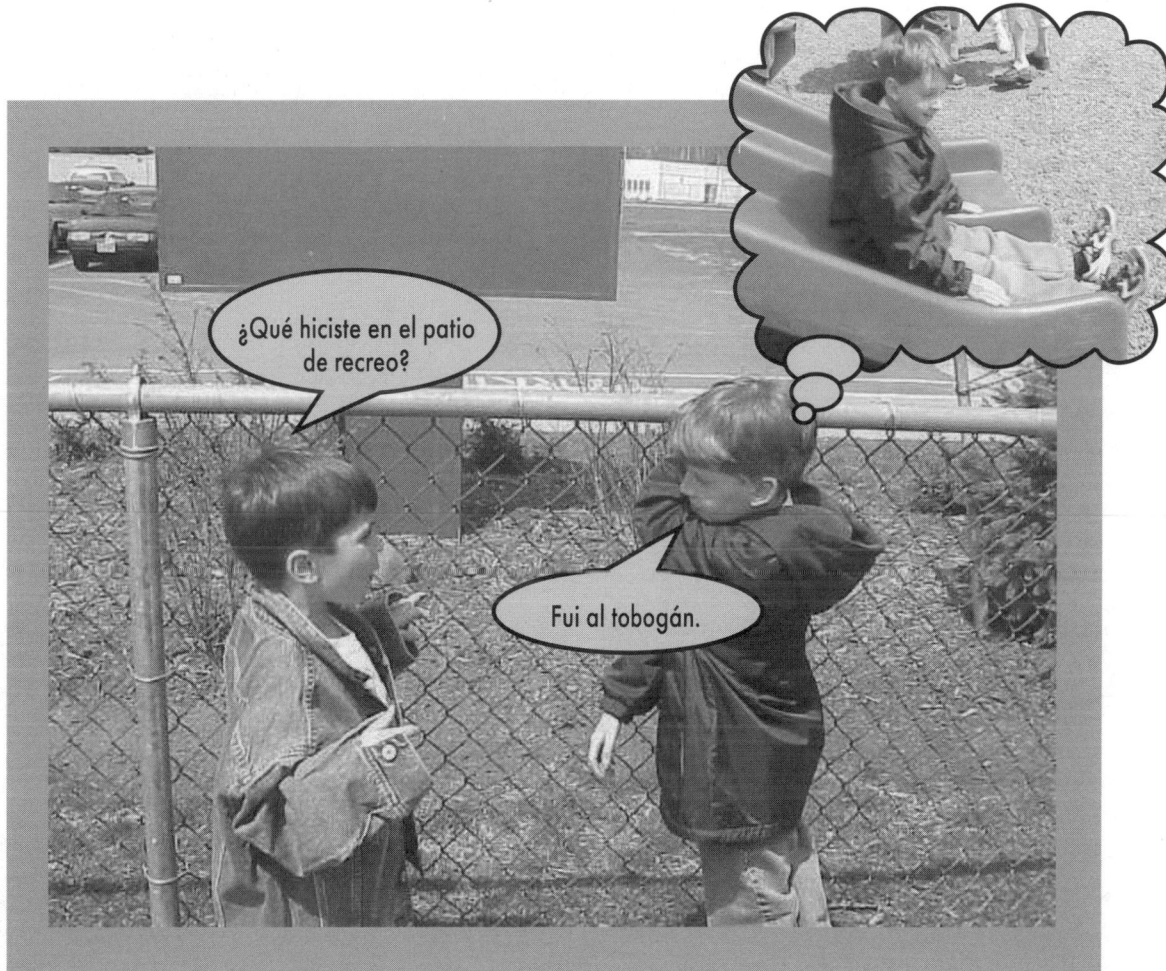

Haz preguntas de seguimiento.
(Preguntas QUIÉN, QUÉ, DÓNDE, CUÁNDO y CÓMO)

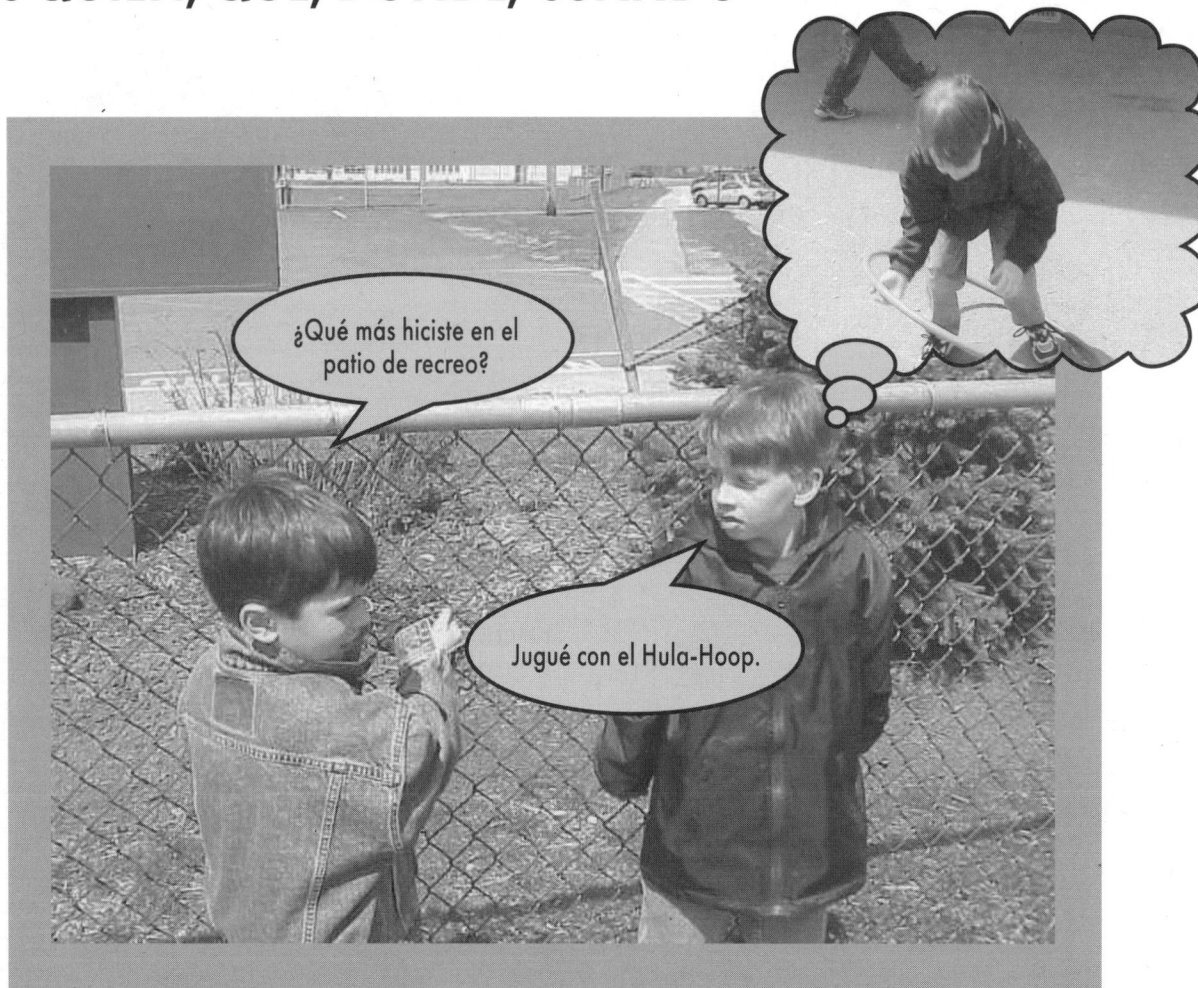

¿Qué más hiciste en el patio de recreo?

Jugué con el Hula-Hoop.

Haz preguntas de seguimiento.
(Preguntas QUIÉN, QUÉ, DÓNDE, CUÁNDO y CÓMO)

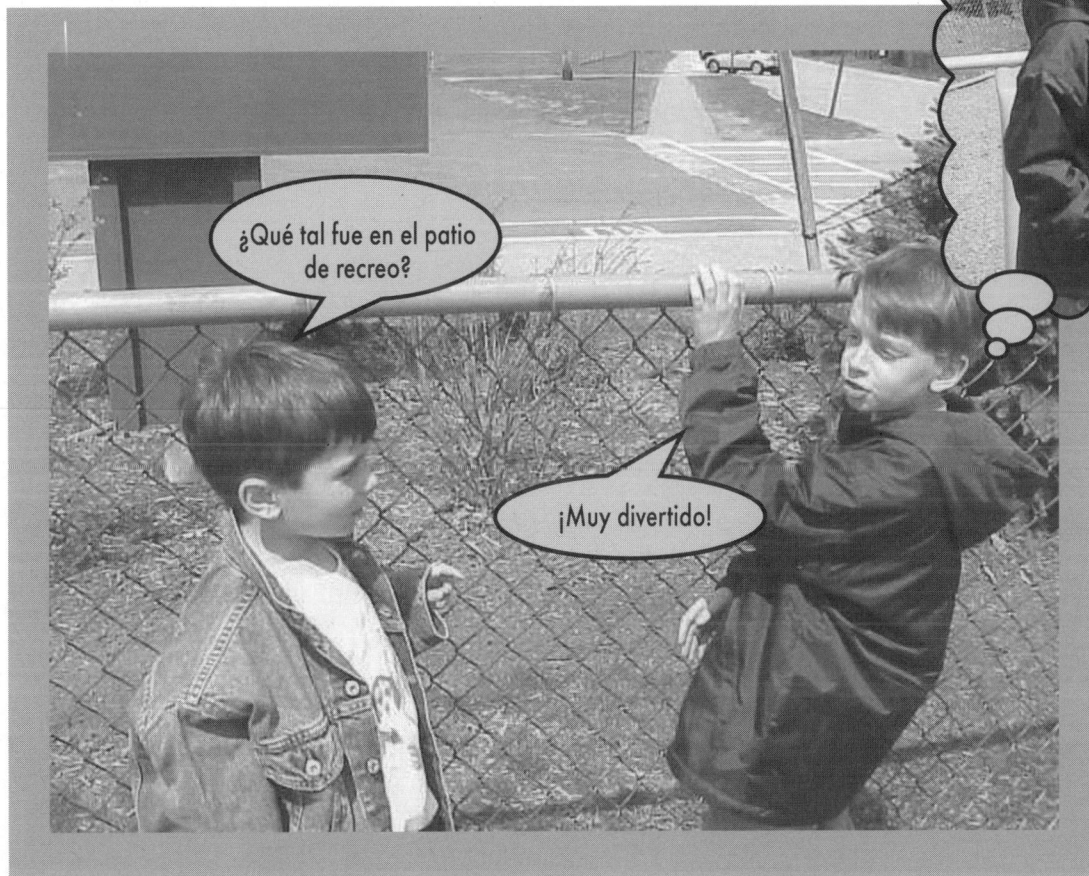

Terminar una conversación

A veces quieres terminar una conversación con otra persona. Algunas pocas razones por las que querrías hacerlo son:

Estás aburrido.

"Es hora de que te vayas."

Quieres hablar de otra cosa o hacer otra cosa.

- **Decide si quieres terminar la conversación.**

- **Espera al menos hasta que hayas formulado una pregunta y la persona la haya respondido.**

- **Di "es agradable hablar contigo pero ahora mismo tengo otras cosas que hacer. Hasta luego."**

El niño de la gorra está contando a los demás niños una historia acerca de la pesca.

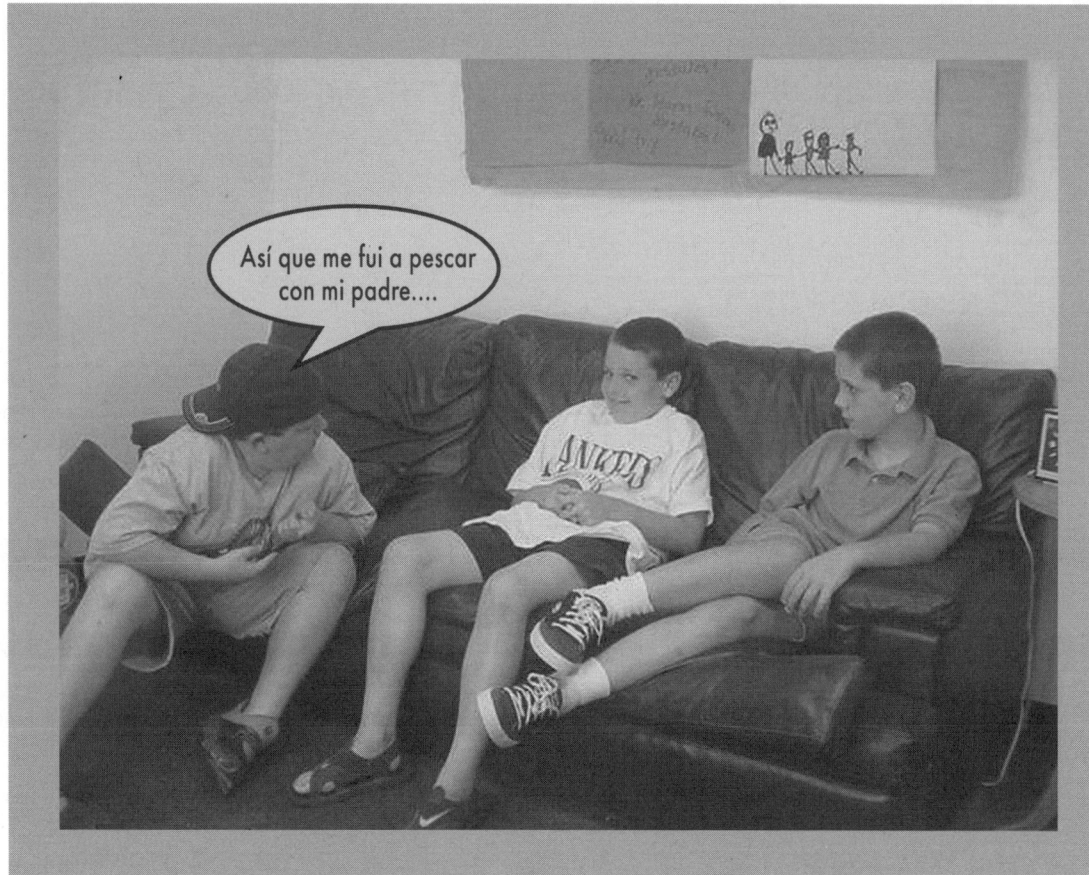

Decide si quieres terminar la conversación.

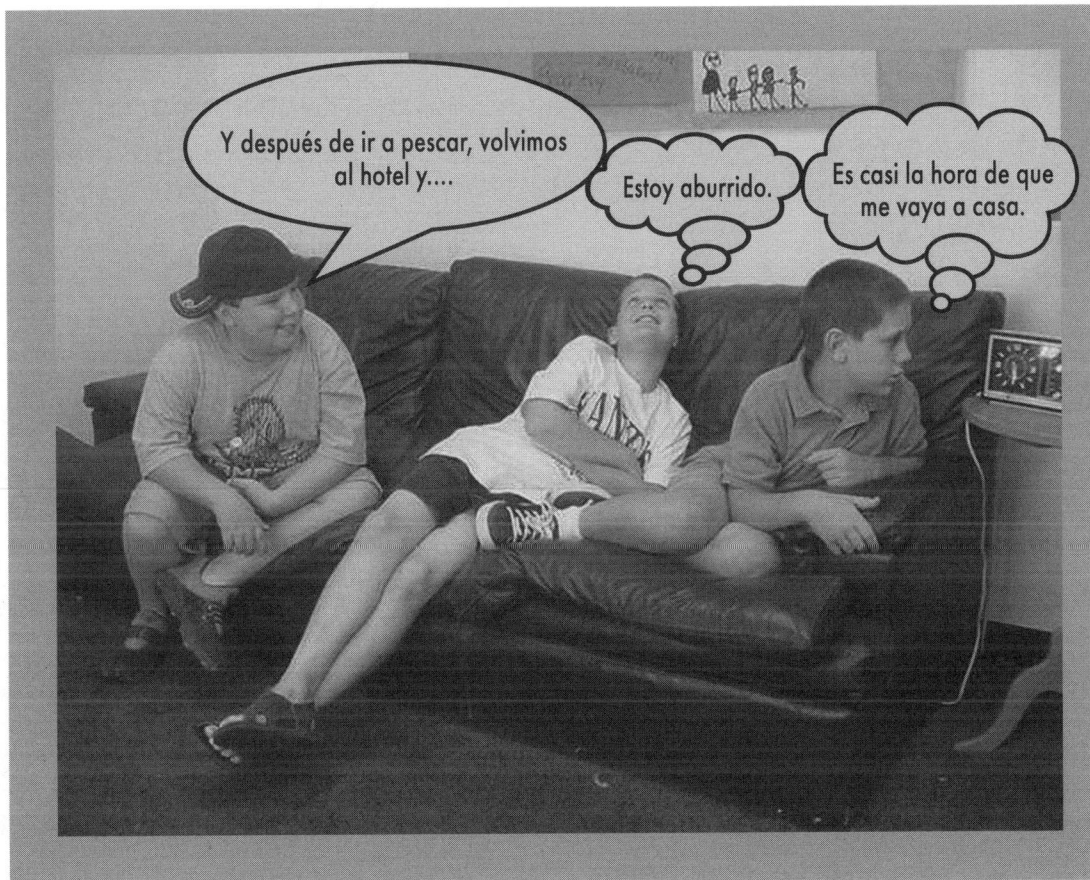

Un niño se está aburriendo. Es casi el momento de que el otro niño se vaya. Ambos deciden que desean terminar la conversación.

CONSEJO

Cuando estás hablando con alguien más, asegúrate de hacer alguna pausa de vez en cuando y observa si todavía están interesados en lo que estás contando. Véase Hablar con brevedad, página 79.

Espera al menos hasta que hayas formulado una pregunta y la persona la haya respondido.

Forma Correcta

El niño está haciendo una pregunta para mostrar que está interesado.

¿Te lo pasaste bien?

Sí, fue genial.

Ambos niños hacen otra pregunta antes de terminar la conversación.

Forma Incorrecta

Los niños se van sin hacer preguntas que muestren que están interesados.

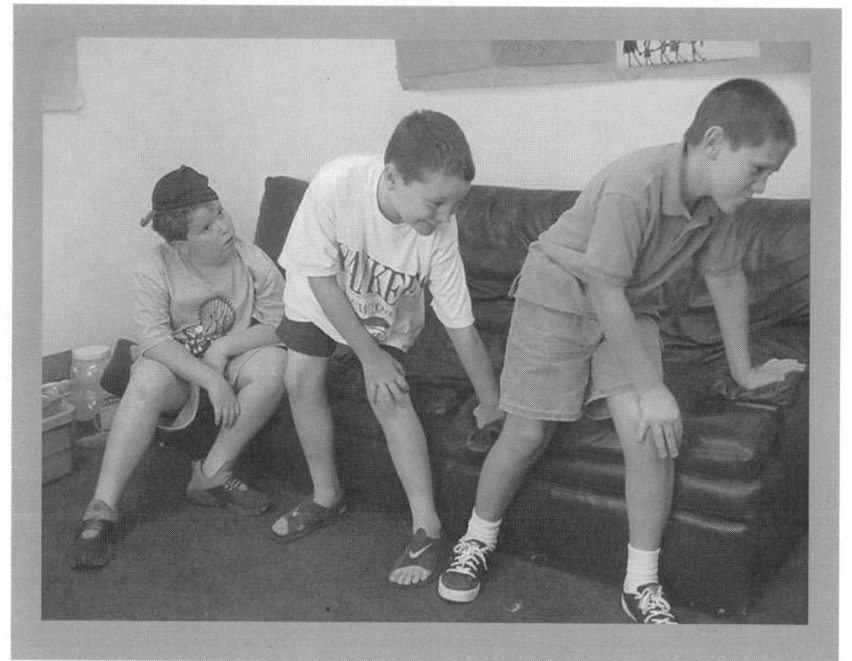

CONSEJO

Le hace sentir a la otra persona que te importa cuando le haces preguntas.

Di, "es agradable hablar contigo, pero ahora mismo tengo otras cosas que hacer. Hasta luego."

Forma Correcta

El niño explica el motivo por el cual debe dejar de hablar y se despide.

Es agradable hablar contigo, pero ahora mismo tengo otras cosas que hacer.

Forma Incorrecta

Los niños se van sin despedirse o explicar el motivo por el que se van.

Eh, estoy enfadado. ¡Se han ido!

O, podrías decir, "fue agradable hablar contigo, pero ahora tengo que irme a casa. Hasta luego."

Forma Correcta

El niño explica el motivo por el cual debe dejar de hablar y se despide.

Fue agradable hablar contigo, pero ahora tengo que irme a casa. Hasta luego.

Forma Incorrecta

Los niños se van sin despedirse o explicar el motivo por el que se van.

Eh, estoy enfadado. ¡Se han ido!

Presentarte a ti mismo

- **Hay ocasiones en las que necesitas conocer a otras personas que no conoces. Este es un momento para presentarte a la(s) otra(s) persona(s).**

- **Espera una pausa en la conversación, si ella está hablando.**

- **Camina hacia la persona, párate a un brazo de distancia y haz buen contacto visual.**

- **Di: "Mi nombre es _____. ¿Cuál es tu nombre?" Espera su respuesta.**

- **Di: "Es un placer conocerte" y dale la mano.**

Busca una oportunidad para presentarte a alguien a quien no conoces.

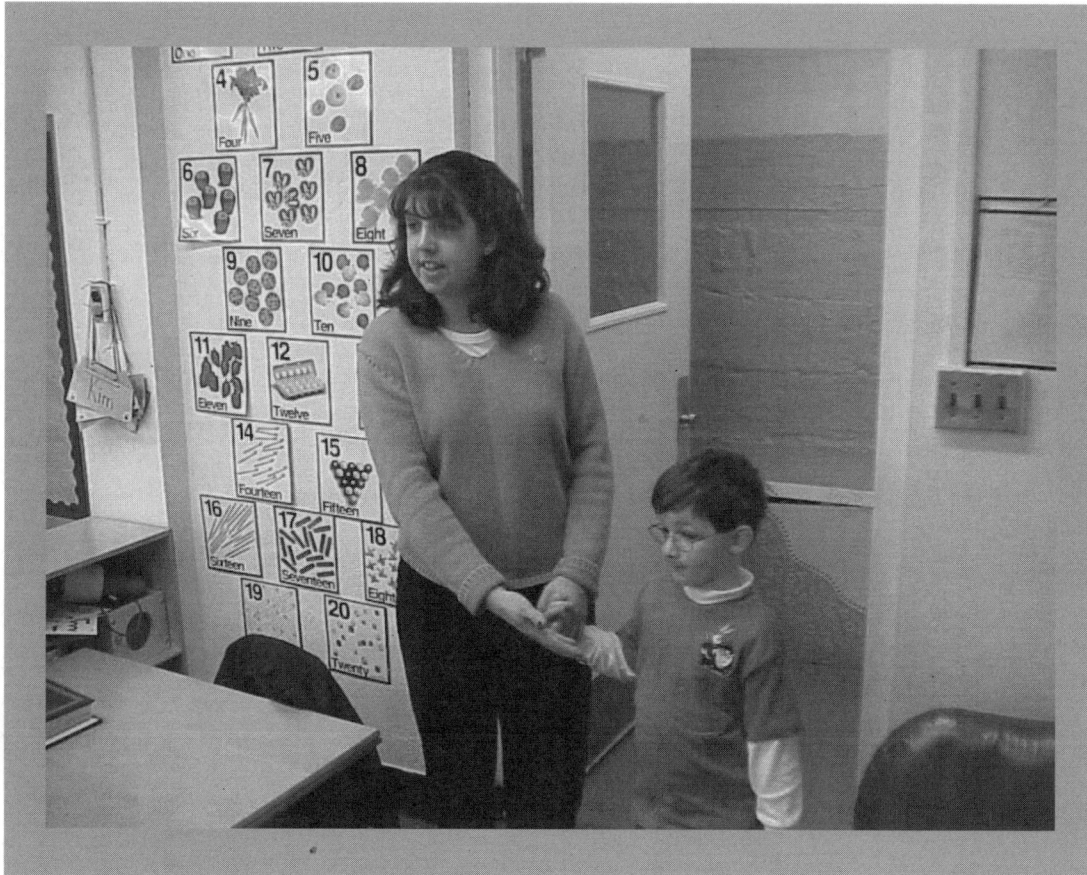

La profesora trae un nuevo estudiante a clase. Los demás niños
deberían saludarle.

Espera a que haga una pausa en la conversación, si está hablando.

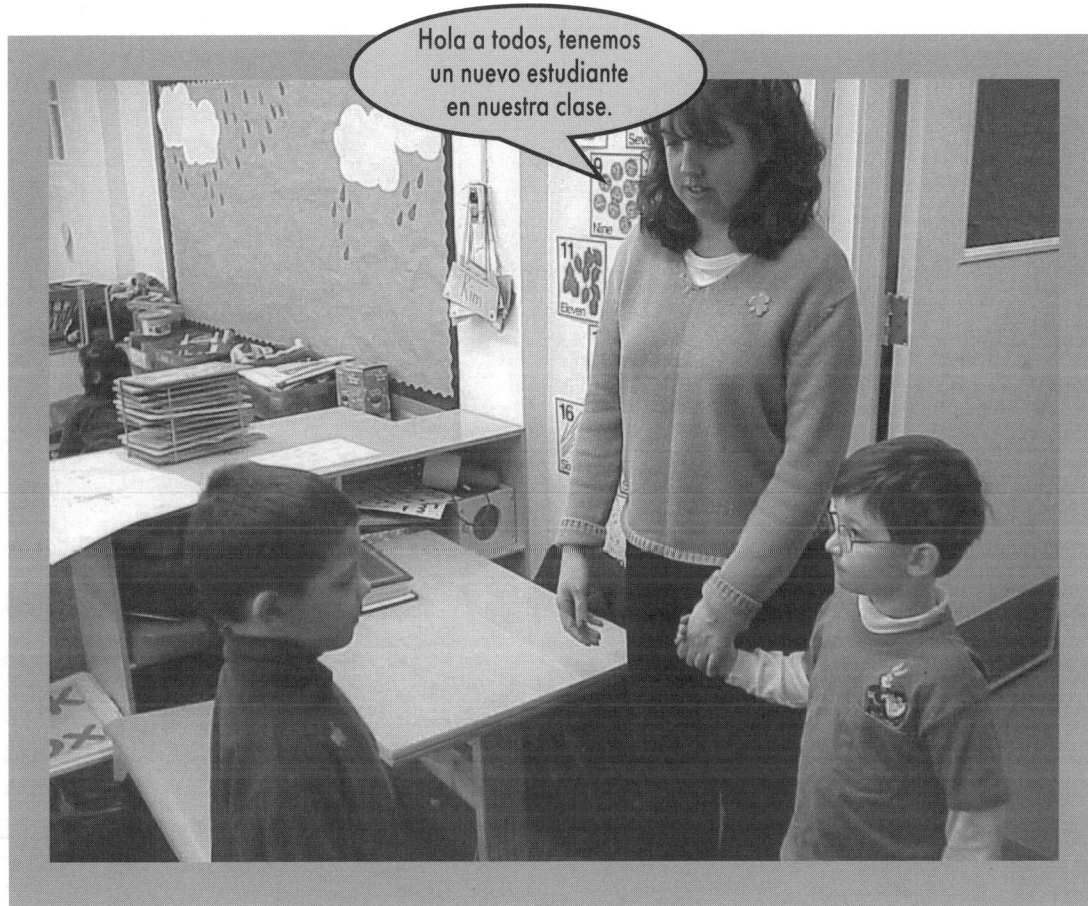

El niño está esperando a que la profesora deje de hablar.

Dirígete a la persona, quédate a una distancia de un brazo de largo, y mantén un buen contacto visual.

Forma Correcta

El niño fue hacia el otro niño, se quedó a una distancia de un brazo de largo, y le miró.

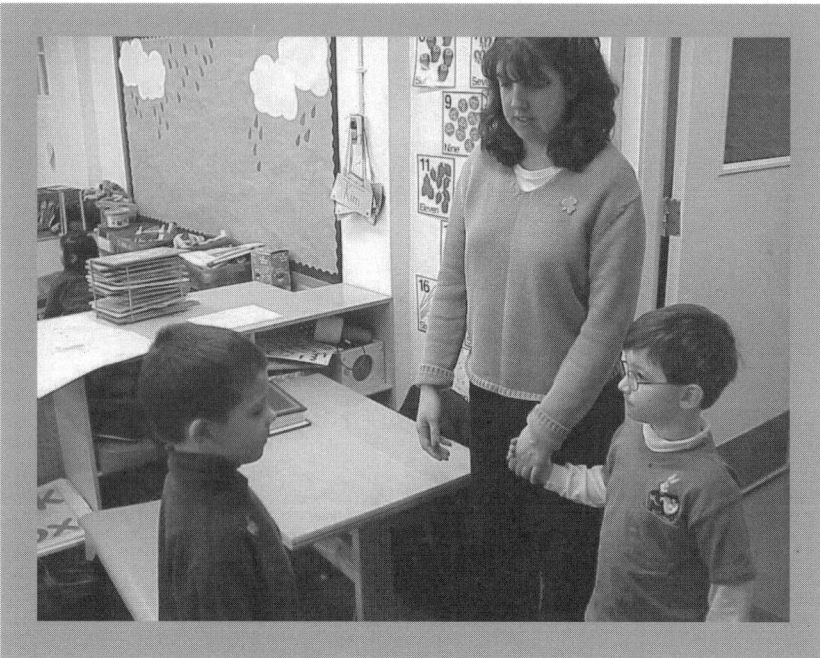

Forma Incorrecta

El niño no miró al otro niño.

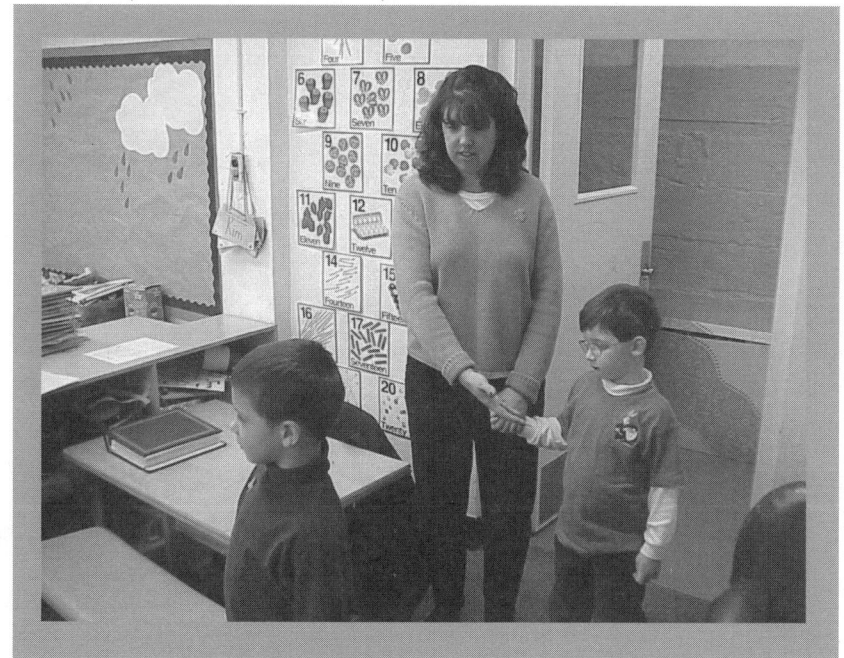

CONSEJO Sonreírle a la otra persona le hace sentir que es bienvenido.

Di, "mi nombre es _____. ¿Cuál es tu nombre?" Espera a su respuesta.

Mi nombre es Phil. ¿Cuál es tu nombre?

Tom

CONSEJO Recuerda mantener el contacto visual mientras te presentas.

Di, "Encantado de conocerte" y dale la mano.

Forma Correcta

El niño está a una distancia de un brazo de largo, le da la mano y le dice "encantado de conocerte".

Forma Incorrecta

El niño se queda demasiado cerca de la persona que acaba de conocer, en vez de ofrecerse a darle la mano.

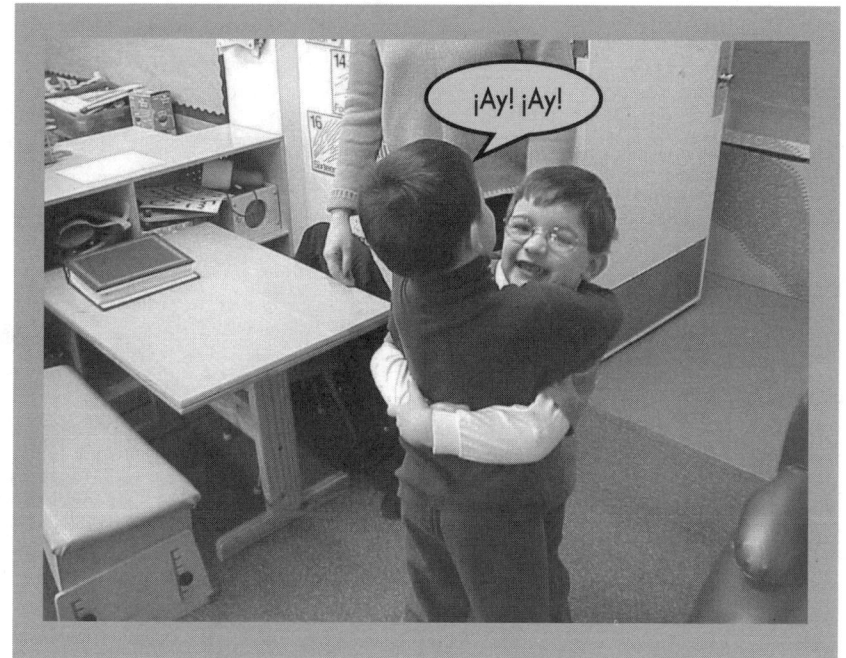

¡Ay! ¡Ay!

CONSEJO

Dale la mano con la mano derecha. No le aprietes la mano ni se la des demasiado rato. Sacudir la mano tres veces es lo adecuado. Darle un abrazo a alguien que no conoces, incluso si es una persona de tu edad, no es un comportamiento adecuado.

Saber cuándo dejar de hablar (Hablar Brevemente)

- **Busca signos que indiquen que la otra persona está interesada en tu tema.**

- **Si la otra persona parece aburrida o no está interesada, pregúntale "¿Quieres oír algo más?"**

- **Si la otra persona no quiere oír nada más, deja de hablar o pregúntale "¿De qué quieres hablar ahora?"**

Adam, el niño de la izquierda con el libro, está hablando de peces. Paul, el otro niño, parece interesado.

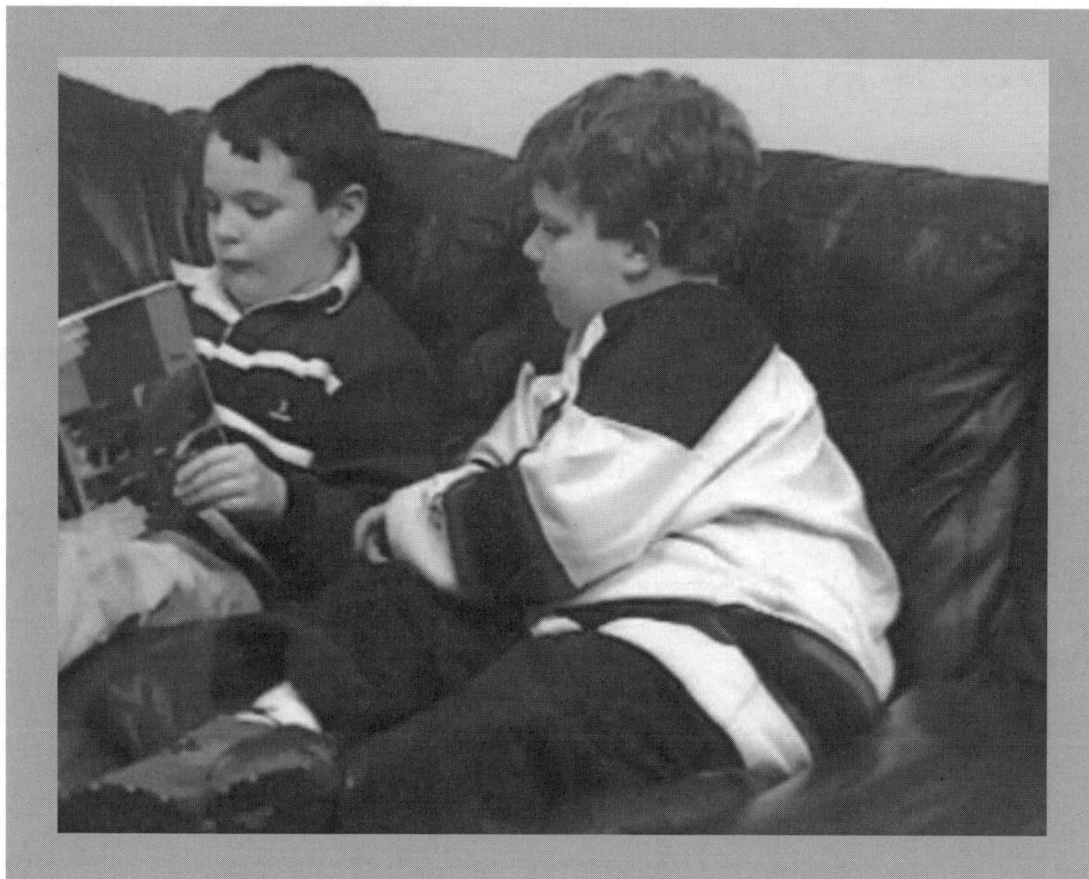

Adam   Paul

CONSEJO   Claves que muestran que Paul está interesado. Está mirando el libro. Su cuerpo está vuelto hacia Adam.

Busca signos que indiquen que la otra persona está interesada en tu tema.

Forma Correcta

Adam hace pausas frecuentes para ver si Paul aún está interesado en lo que está contando.

Forma Incorrecta

Adam continúa hablando y no mira a Paul para comprobar si sigue interesado en los peces.

Adam   Paul

Adam   Paul

CONSEJO

Claves que muestran que Paul está aburrido: Su cuerpo está vuelto de espaldas a Adam. Está mirando alrededor de la clase. Su expresión facial muestra que está aburrido.

Si la otra persona parece aburrida o no está interesada, pregúntale, "¿Quieres oír algo más?"

Forma Correcta

Adam ve que Paul está aburrido, así que le pregunta si quiere oír algo más sobre peces.

Adam   Paul

Forma Incorrecta

Adam continúa hablando y no le pregunta a Paul si todavía está interesado en el tema de los peces.

Adam   Paul

Si la otra persona no quiere escuchar nada más, entonces deja de hablar o pregúntale "¿De qué quieres hablar ahora?"

Forma Correcta

Adam le pregunta a Paul de qué quiere hablar.

¿De qué quieres hablar ahora?

¡Vamos a hablar de trenes!

Adam   Paul

Forma Incorrecta

Adam continúa hablando y no mira a Paul para comprobar si sigue interesado.

Adam   Paul

CONSEJO

Si no quieres cambiar de tema, o no quieres hablar del tema nuevo que sugiere, trata de comprometerte. (Véase Comprometerse, página 103.)

JUGAR CON HABILIDADES RELACIONADAS

Pedirle a Alguien que Juegue

- **Encontrar algo a qué jugar.**

- **Dirígete a alguien con quien tu desees jugar.**

- **Espera a que la otra persona te mire.**

- **Pregúntale, "¿Quieres jugar?"**

Encuentra algo a que jugar.

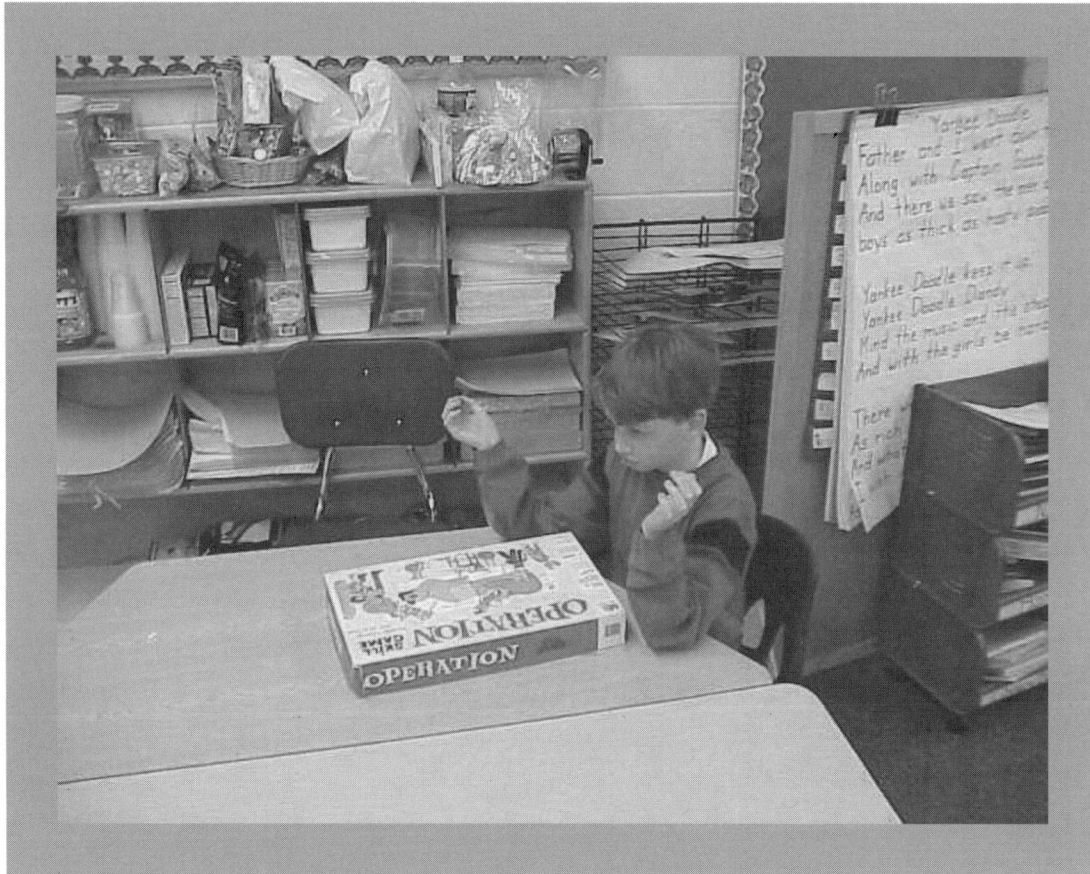

El niño quiere jugar al juego Operación.

Dirígete a alguien con quien desees jugar.

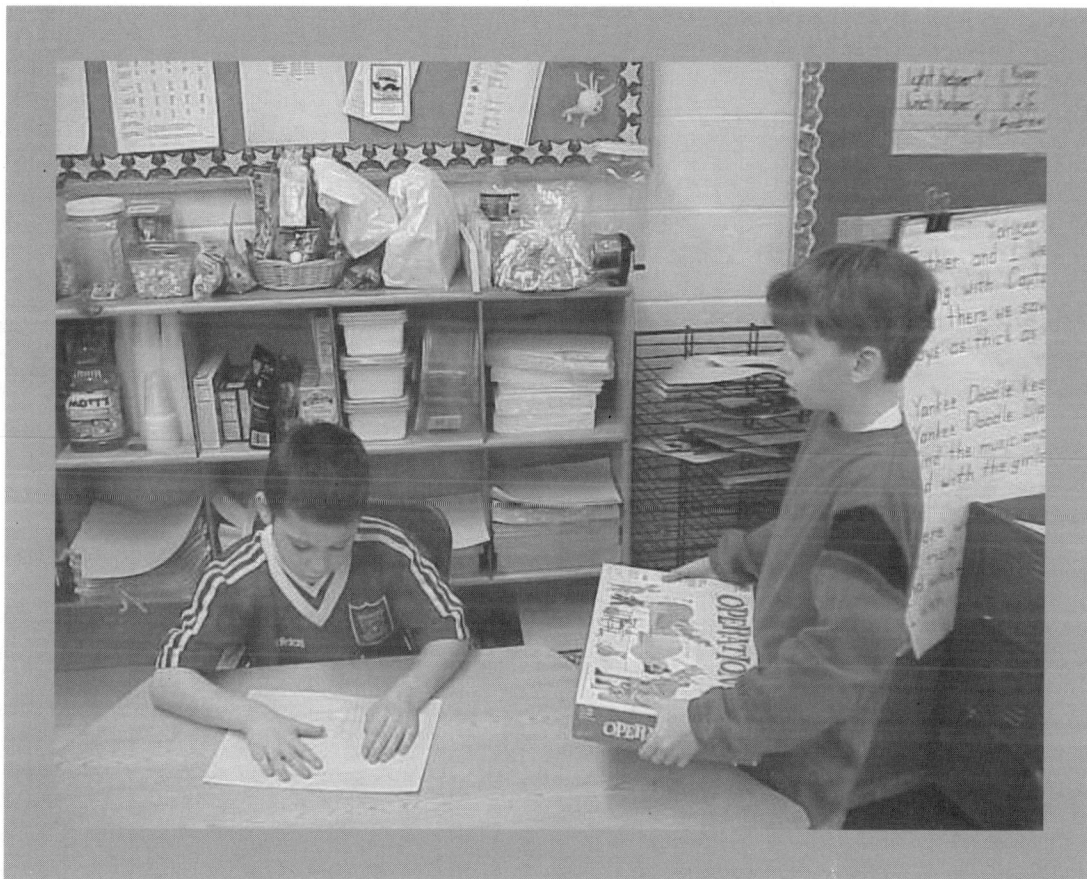

El niño fue hacia el otro niño.
Trajo el juego con él.

Espera a que la otra persona te mire.

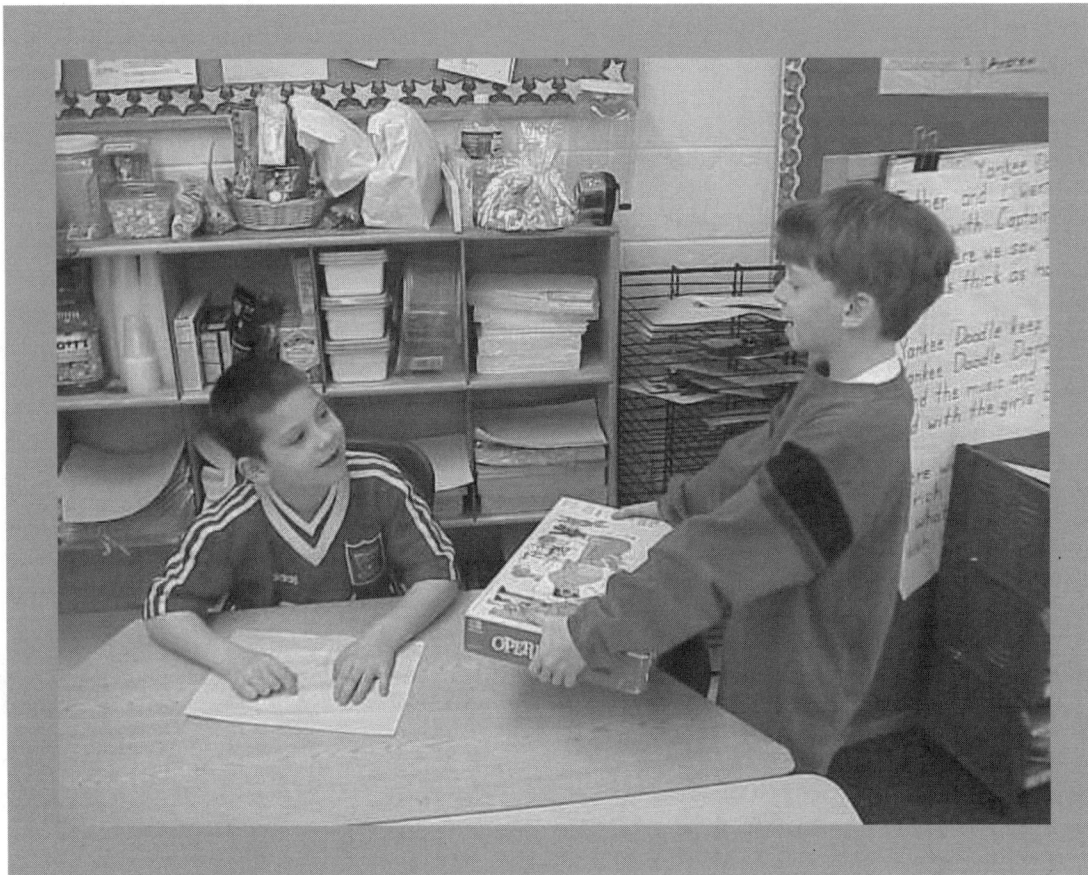

El niño esperó a que el otro niño le mirase.

CONSEJO   Recuerda mantener el contacto visual con la otra persona.

Pregúntale, "¿Quieres jugar?"

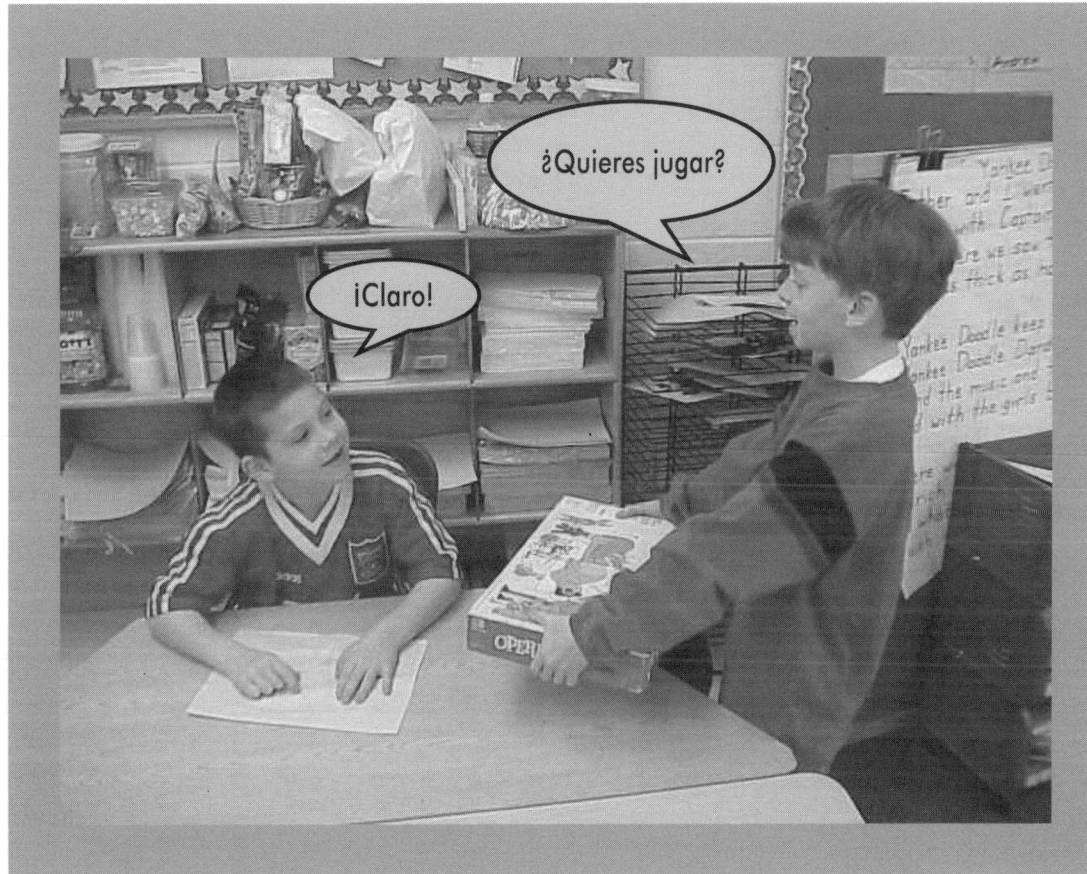

CONSEJO

Sonríe cuando preguntes a alguien si quiere jugar contigo. Te hace parecer simpático. Muéstrale a la otra persona a lo que quieres que juegue contigo.

Unirse al juego

- **Decide si quieres unirte a otros que están jugando.**

- **Camina hacia la persona(s) y espera a que haga una pausa en su juego.**

- **Pregúntale si puedes jugar. Diles, "¿Puedo jugar yo también?".**

- **Si te dicen que "No", pregunta a otro si quiere jugar.**

Decide si quieres jugar con otros que están jugando.

El niño les está mirando como juegan y le gustaría unirse a ellos.

Habla con la persona y espera a que hagan una pausa en su juego.

El niño está esperando a que hagan una parada para preguntarles si puede unirse.

Pregunta si puedes jugar. Diles, "¿Puedo jugar yo también?"

Forma Correcta

El niño fue hacia ellos y les preguntó si podía jugar.

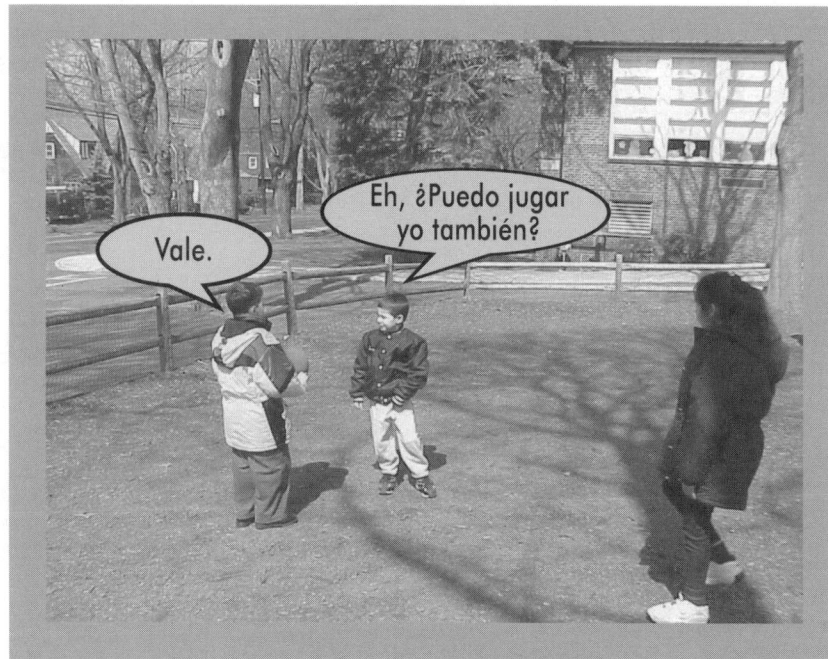

Vale.

Eh, ¿Puedo jugar yo también?

Forma Incorrecta

El niño cogió la pelota sin preguntar.

¡Eh, vamos!

Si te dicen que "No", pregunta a otro si quiere jugar.

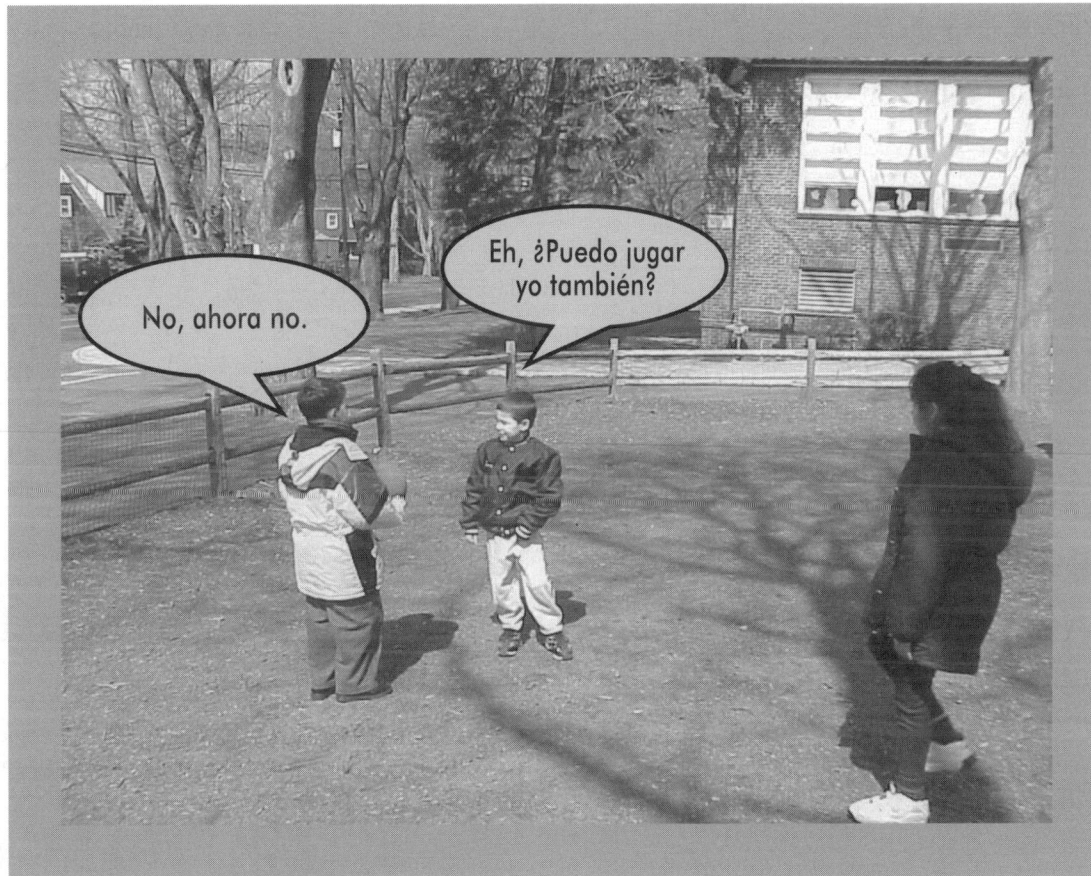

No le están dejando jugar, así que pide a otro que juegue.

Quizá más tarde. Si te dicen que "No," pregunta a otro si quiere jugar.

Forma Correcta

El niño fue hacia otro y preguntó si podía jugar.

¿Chicos, puedo jugar con vosotros?

Forma Incorrecta

Cuando le dijeron "No", el niño cogió la pelota y salió corriendo con ella.

Eh, devuélvenos la pelota. No queremos que juegues.

Compartir

- **Piensa acerca de los motivos para compartir.**
Les hará felices.
Compartir les demostrará que me gustan.
Los amigos comparten con otros amigos.

- **Ofrécete a compartir algo que tienes.**

- **Si alguien te pide compartir algo que tienes, compártelo con esta persona.**

Piensa acerca de los motivos para compartir.

Si la profesora comparte los pretzels, las demás profesoras y la niña estarán contentas. Compartirán comida con ella de vez en cuando.

Ofrécete a compartir algo que tienes.

Forma Correcta

La profesora le ofreció un pretzel a la niña.

Forma Incorrecta

La profesora no compartió ningún pretzel.

Si alguien te pide que compartas algo que tienes, compártelo con esta persona.

Forma Correcta

La niña le deja ver su juguete a la otra niña.

Forma Incorrecta

La niña no compartió su juguete.

Comprometerse

- **Pídele a la otra persona lo que quiere hacer.**
  Pregúntale, "¿A qué quieres jugar?"
  Espera y escucha su respuesta.

- **Dile a la otra persona lo que quieres hacer.**

- **Si quieres hacer cosas diferentes, comprométete.**
  Ofrécete a hacer algo de lo que él quiere hacer y luego algo de lo que tú quieres hacer.

- **Haz algo de lo que él quiere hacer. Luego haz algo de lo que tú quieres hacer.**

Pídele a la otra persona lo que quiere hacer. Espera y escucha su respuesta.

Dile a la otra persona lo que quieres hacer.

Si quieres hacer cosas diferentes, comprométete. Ofrécete a hacer algo de lo que él quiere hacer y luego algo de lo que tú quieres hacer.

Forma Correcta	Forma Incorrecta
Deciden comprometerse y jugar un poco a Candy Land y luego a Operación.	No quiero jugar a Candy Land. Sólo quiero jugar a Operación.

Haz algo de lo que él quiere hacer. Luego haz algo de lo que tú quieres hacer.

Forma Correcta	Forma Incorrecta
Deciden comprometerse y jugar un poco a Candy Land y luego a Operación.	No se han comprometido y ahora el niño no tiene a nadie con quien jugar.

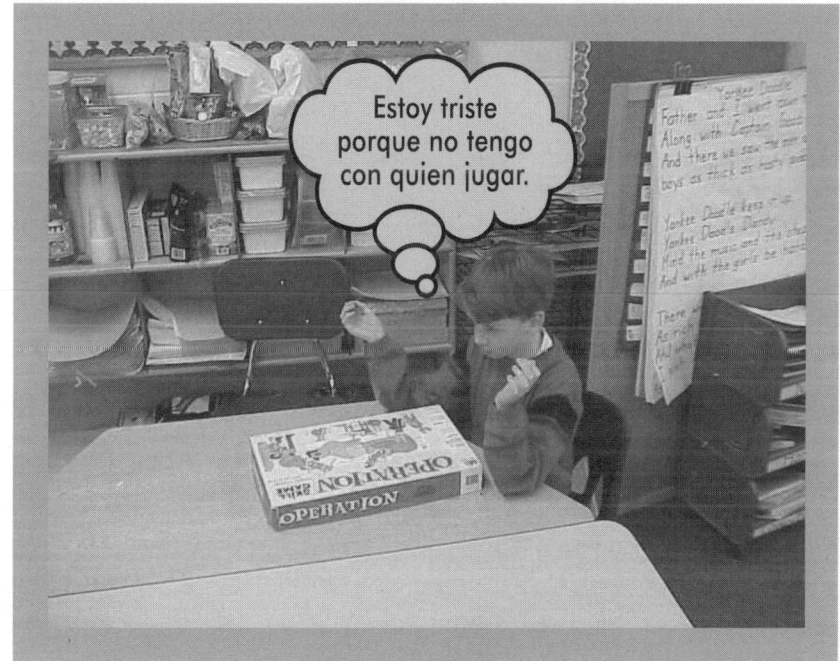

Tomar turnos durante el juego

Cuando estás jugando con otra persona, o con un grupo de gente, cada uno quiere tener una oportunidad de jugar. Debes tomar tu propio turno y de darle también el turno a los demás.

- **Deja que otros jueguen mientras esperas.**

- **Piensa, "Si espero, entonces me tocará a mí."**

- **Cuando esperas, otros estarán contentos y querrán darte tu turno.**

Deja que otros jueguen mientras esperas.

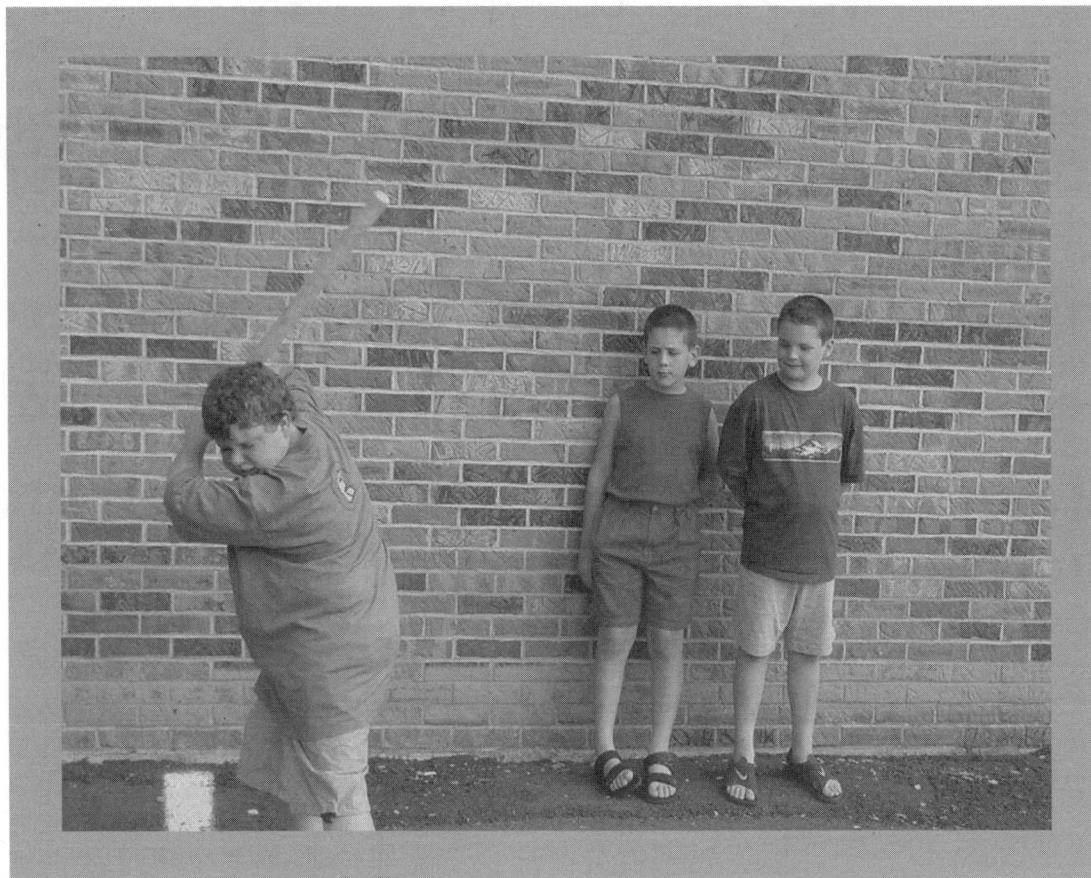

Paul   Sam   Adam

Los dos niños están esperando mientras a Paul le toca el turno con el bate.

Piensa, "Si espero, entonces me tocará a mí también."

Forma Correcta

Los niños piensan que si esperan, les tocará el turno con el bate.

Forma Incorrecta

Los niños no esperan a su turno. Tratan de llevarse el bate.

Cuando esperas, otros estarán contentos y querrán darte tu turno.

Forma Correcta

Sam esperó, y ahora es su turno.

Paul   Sam   Adam

Forma Incorrecta

Los niños no esperaron, así que no tendrán su turno.

Paul   Sam   Adam

Ahora le toca el turno a Sam con el bate mientras los demás niños esperan.

Sam   Adam   Paul

Los dos niños están esperando mientras a Sam le toca el turno con
el bate.

Piensa, "Si espero, entonces me tocará a mí también."

Forma Correcta

Los niños piensan que si esperan, les tocará el turno con el bate.

Si espero, entonces me tocará a mí.

Si espero, entonces me tocará a mí.

Sam   Adam Paul

Forma Incorrecta

Adam no espera a su turno. Trata de llevarse el bate.

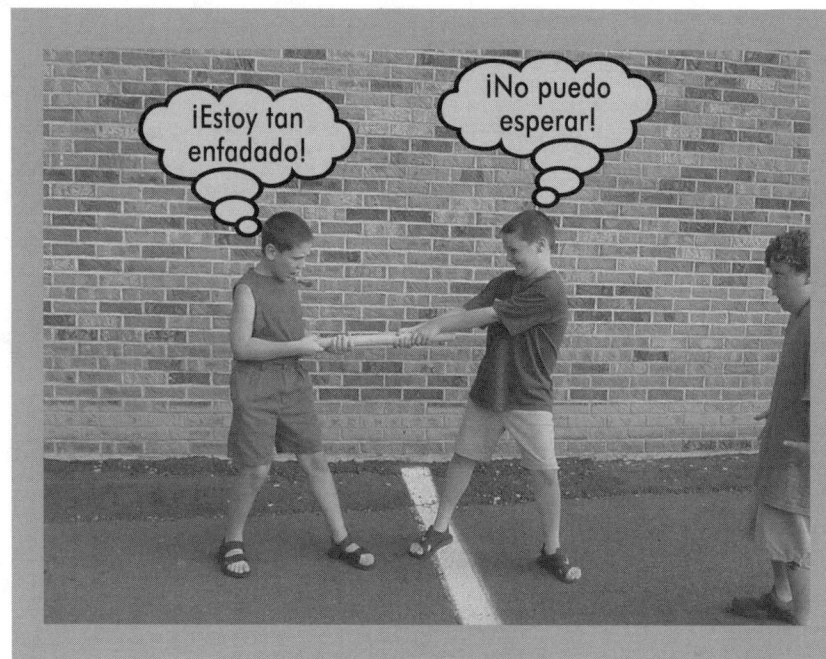

¡Estoy tan enfadado!

¡No puedo esperar!

Sam   Adam   Paul

Cuando esperas, otros estarán contentos y querrán darte tu turno.

Forma Correcta

Adam esperó, y ahora es su turno

He terminado mi turno. Estoy contento de cederle el turno.

Aquí está. Ahora es tu turno.

¡Gracias!

Sam   Adam

Forma Incorrecta

Adam no esperó. Ahora no tendrá su turno.

No voy a daros el turno porque no habéis esperado.

¡Estoy tan enfadado!

Sam   Adam   Paul

■ **Ahora le toca el turno Adam para jugar mientras los demás niños esperan.**

Adam   Paul and Sam

Los dos niños están esperando mientras a Adam le toca el turno con el bate.

Los niños están contentos por cada uno esperó a su turno.

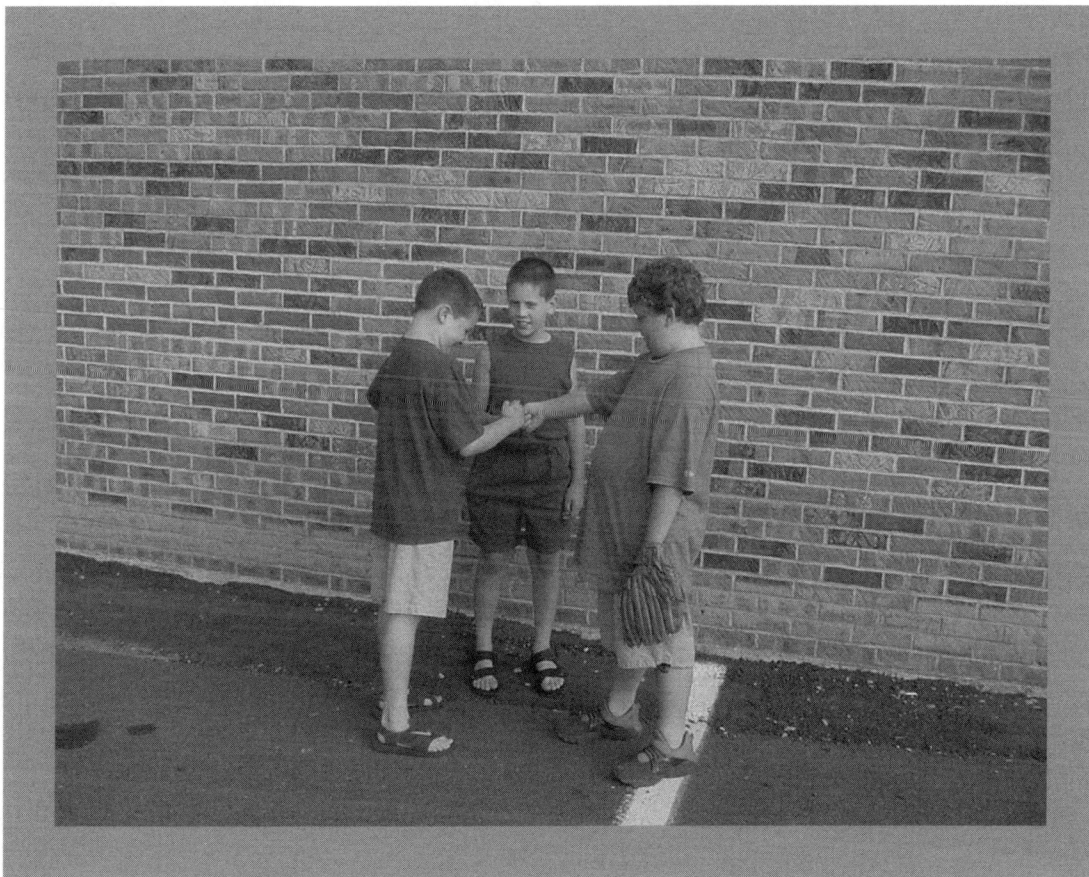

Se dan la mano al final del juego porque son amigos.

CONSEJO En vez de darse la mano, cada uno podría "chocar los cinco" entre ellos o decir "¡Eso fue divertido!"

Jugar a un juego

- **Pregunta cómo jugar a un juego.**

- **Di "¿Cómo juegas a este juego?"**

- **Decide quién será el primero.**
  Deja que la otra persona sea la primera. Di "Tú puedes ser el primero."
  Si hay más de dos personas, puedes jugar a "Piedra, papel, tijera" para decidir quién empieza.
  También puedes tirar los dados. La persona que saque el número más alto es la que empezará. Con dos personas, puedes tirar los dados o lanzar una moneda.
  O puedes jugar "pares o nones"

- **Tomar turnos.**

La profesora les está preguntando al niño y a la niña si quieren jugar a pies quietos.

Pregunta cómo se juega.

Los niños preguntan cómo se juega y la profesora se lo explica.

Decidir quién va primero.

Todos los niños quieren ser el primero. Tendrán que buscar una forma justa de decidir quién será el primero.

Decidir quién va primero.

Los niños deciden jugar a "pares o nones" para saber quién va primero. Cuentan y a la de tres, levantan la mano con dos dedos. Si uno de ellos tiene una cantidad de dedos distinta a dos, éste es el que va primero. Si todos tienen el mismo número de dedos, vuelven a empezar hasta que haya uno distinto.

Tomar turnos.

El la lleva.

Ella la lleva.

Ella la lleva.

Ella la lleva.

Están turnándose siendo "él que la lleva".

Lidiar con perder

A veces, cuando juegas a un juego con un amigo, ganas. Aunque a veces, pierdes el juego, y perder no te hace sentir bien. Te puede molestar. Te puedes enfadar o entristecer. Cuando esto sucede, es importante saber cómo reaccionar cuando pierdes. Esta lección te ayudará.

- **Piensa, "Sólo es un juego. Habrá otros juegos."**

- **Piensa, "Incluso si pierdo el juego, puedo mantener o ganar un amigo si no me enfado."**

- **Di, "bien jugado."**

John y Phil están jugando a "Tic Tac Toe" en la pizarra.

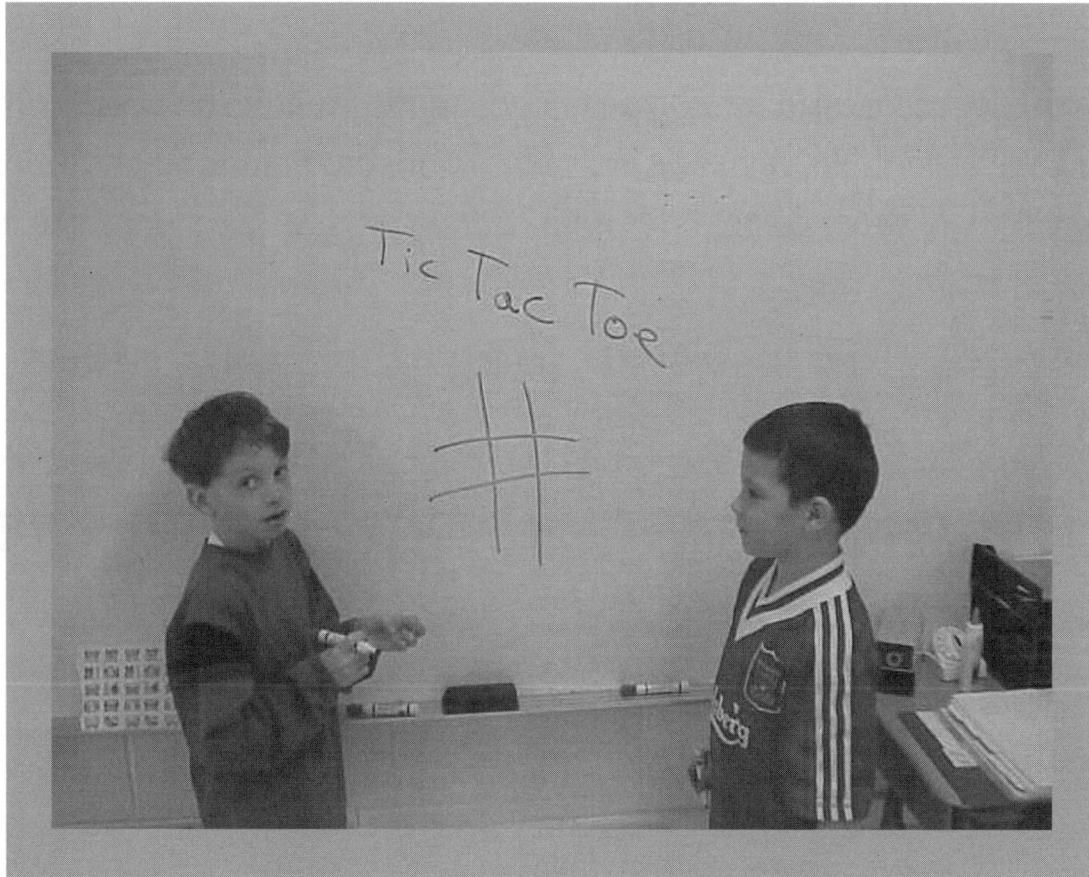

John   Phil

John pierde el juego a Phil.

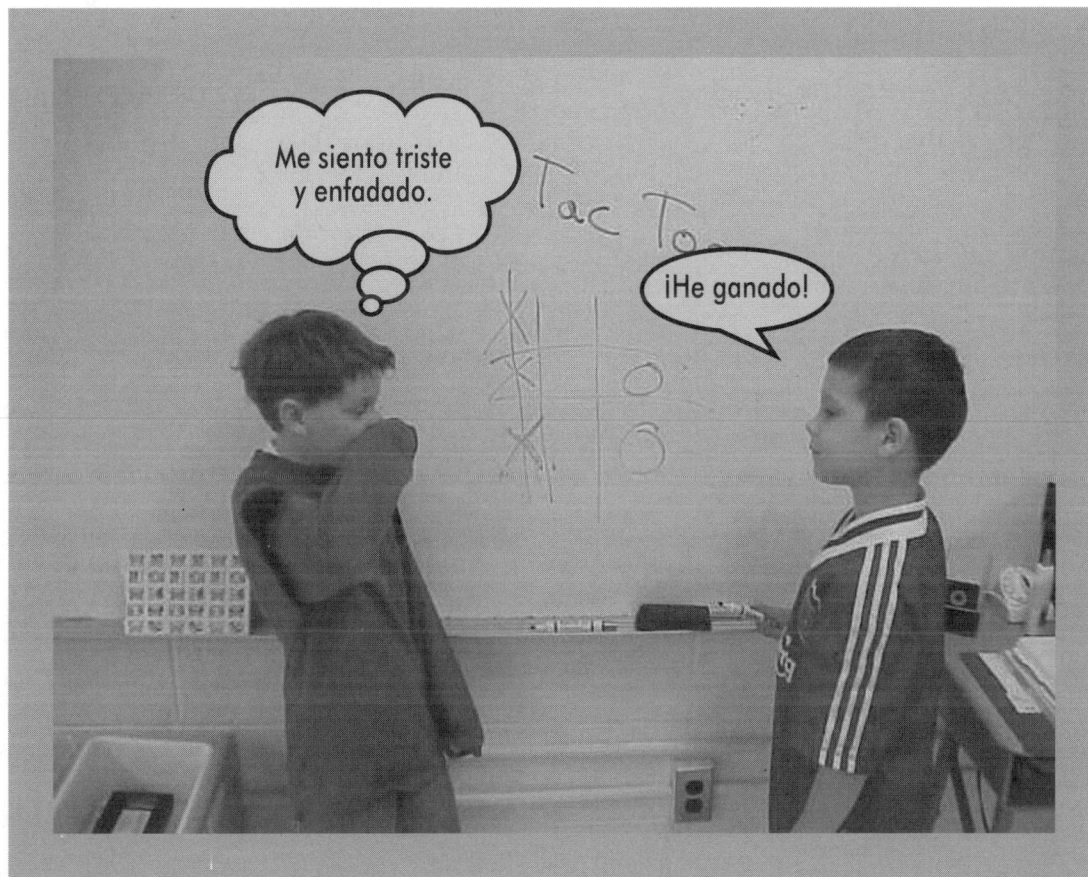

John

Phil

Piensa: "Es sólo un juego. Habrá otros juegos"

Forma Correcta

John se da cuenta de que sólo es un juego, y volverá a intentarlo.

John   Phil

Forma Incorrecta

John no se da cuenta de que puede volver a intentarlo, así que está enfadado y triste.

John   Phil

CONSEJO

Para ayudar a John a calmarse y que no se enfade, véase "Mantener la calma", página 135.

"Incluso si pierdo este juego, puedo ganar o conservar un amigo si no me enfado".

Forma Correcta

John se da cuenta de que ganará un amigo si no se enfada.

Forma Incorrecta

John está enfadado.

John   Phil

John   Phil

Di "¡Buen juego!"

Forma Correcta
John no se enfada y le dice, "Buen juego, Phil."

Forma Incorrecta
John todavía está enfadado y puede perder un amigo.

John   Phil

John   Phil

CONSEJO

Para ayudar a John a calmarse y que no se enfade, véase "Mantener la calma", página 135.

Phil y John continuarán siendo amigos y jugando juntos de nuevo, si John está calmado y no se enfada.

Forma Correcta

Phil quiere jugar con John otra vez porque John no se enfada.

John   Phil

Forma Incorrecta

Phil no quiere jugar con John otra vez porque John se ha enfadado cuando ha perdido.

John   Phil

HABILIDADES RELACIONADAS CON LAS EMOCIONES

Mantener la calma

A veces pasan cosas que te hacen sentir enfadado, triste, ansioso o de muchas otras formas que no son agradables. Esta lección te ayudará a aprender a mantenerte calmado cuando esto ocurra.

- **Para y cuenta hasta diez.**
  1 ... 2 ... 3 ... 4 ... 5 ... 6 ... 7 ... 8 ... 9 ...10

- **Haz tres respiraciones profundas.**

- **Haz algo divertido para sentirte mejor.**
  Dibuja, juega a algo, mira la televisión o escucha música.

- **Dile a alguien cómo te sientes.**
  Estoy triste porque....
  Estoy enfadado porque....

El niño hizo algo mal y se le ha dicho que fuera a sentarse en su pupitre.

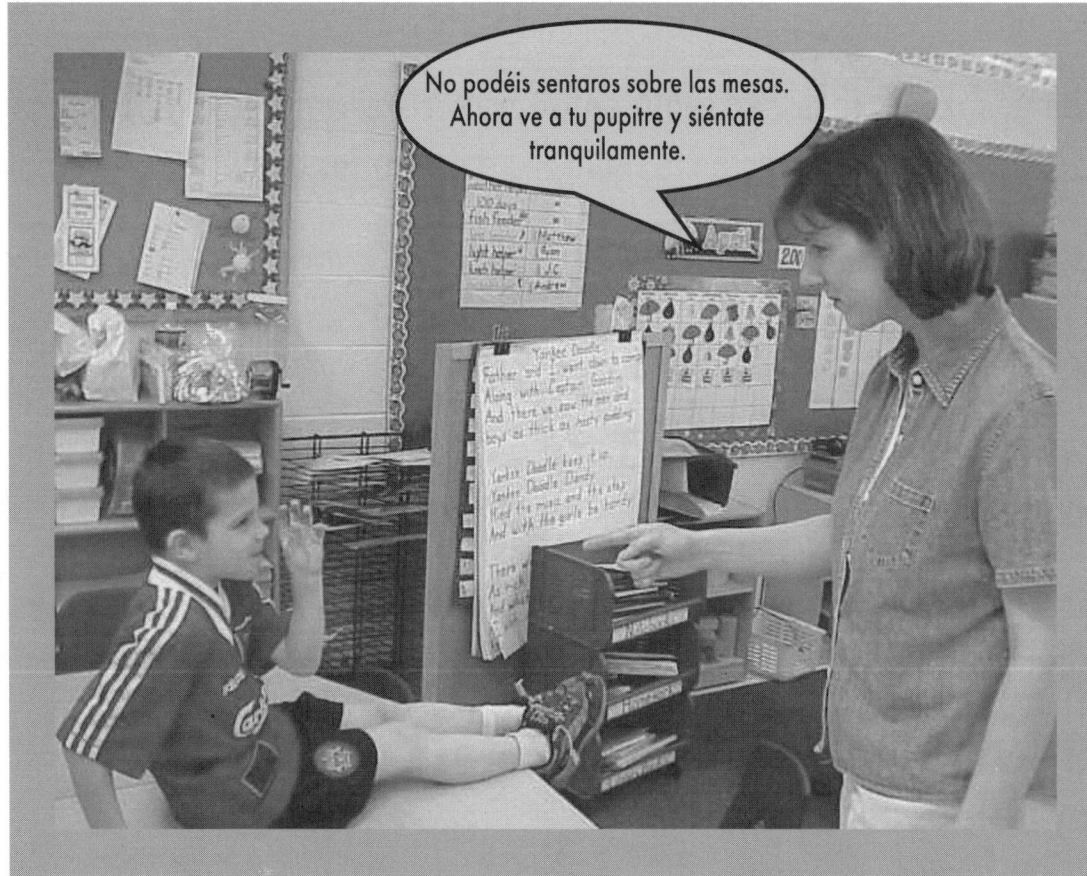

El niño está triste por haber hecho algo que no le ha gustado a la profesora. También está enfadado porque se le ha mandado sentarse.

El niño quiere ayudarse a sí mismo a calmarse. Parará y contará hasta 10.

Forma Correcta

El niño para y cuenta hasta 10.

Forma Incorrecta

El niño no se detiene para calmarse y sigue enfadado.

Haz tres respiraciones profundas.

Forma Correcta

El niño hace tres respiraciones profundas.

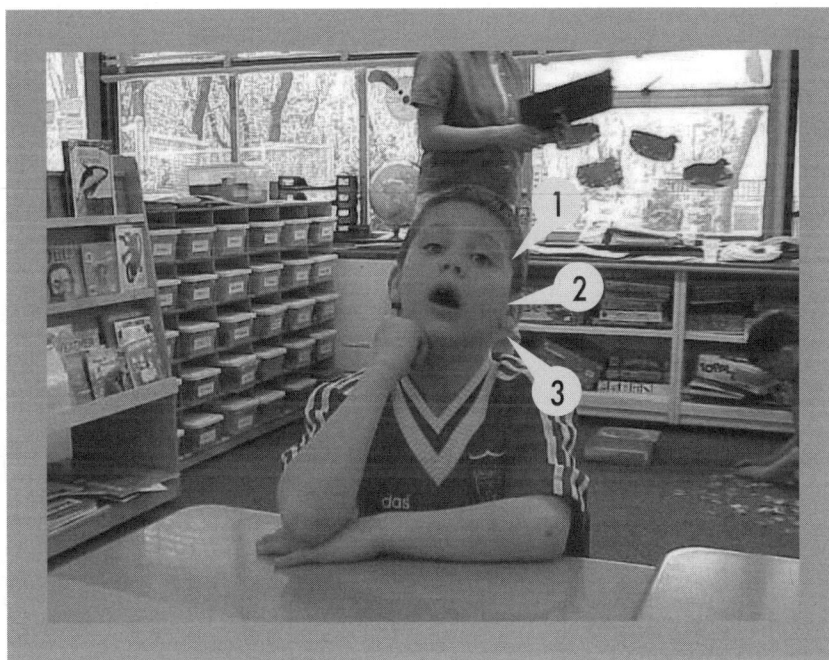

Forma Incorrecta

El niño continúa triste y enfadado.

¡Estoy triste!

Haz algo divertido para sentirte mejor.

Forma Correcta

El niño dibuja para sentirse mejor.

Estoy contento. Ahora estoy más calmado.

Forma Incorrecta

El niño continúa triste y enfadado.

Todavía estoy molesto. Estoy triste.

Dile a alguien cómo te sientes.

Forma Correcta

El niño le dice a su amigo como se siente.

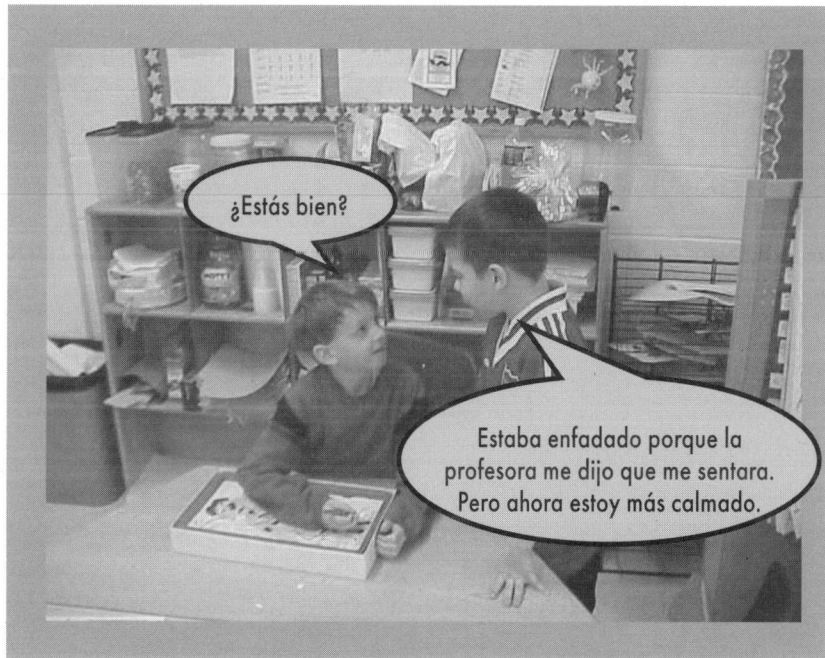

Forma Incorrecta

El niño no hace nada para calmarse. Continúa triste y enfadado.

Mostrar comprensión por los sentimientos de los demás

Otras personas tienen sus propios sentimientos que pueden ser iguales a los nuestros o no. Cuando notamos los sentimientos de otras personas y les ofrecemos ayuda, se dice que somos "comprensivos." Ser comprensivo es una buena cualidad y nos ayuda a hacer y conservar amigos.

- **Busca signos de que otras personas están tristes, enfadadas o que necesitan ayuda.**
Mira sus caras. ¿Fruncen el entrecejo o lloran? Mira su postura corporal. ¿Están desplomados en su silla? ¿Tienen la cabeza agachada sobre el pupitre? ¿Se están tapando los oídos con las manos?

- **Pregunta "¿Estás bien?" Luego pregunta, "¿qué ha pasado?" Pregunta si puedes ayudar.**

- **Di, "¿Puedo ayudarte?" Si dicen que "sí", entonces haz algo para ayudar.**

Ejemplo 1: Un niño está molesto porque está teniendo muchos problemas con sus deberes escolares.

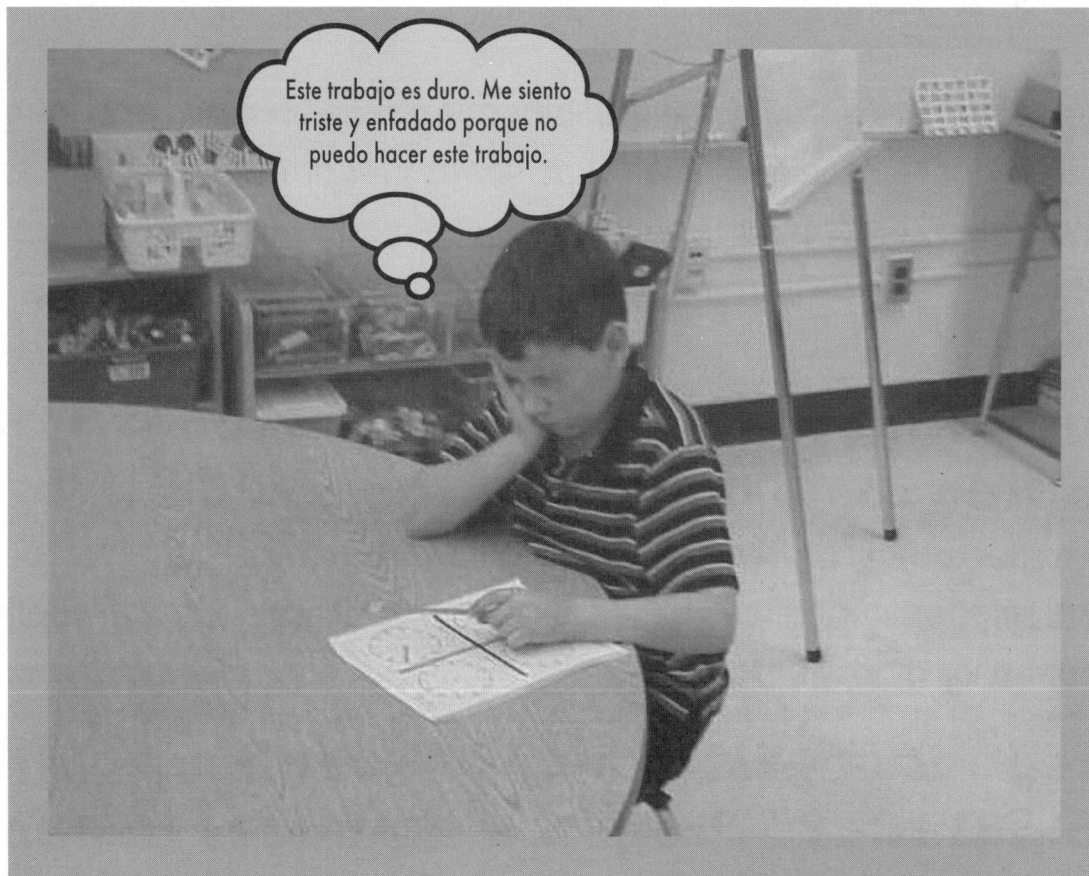

Busca signos de que otras personas están tristes, enfadadas o que necesitan ayuda.

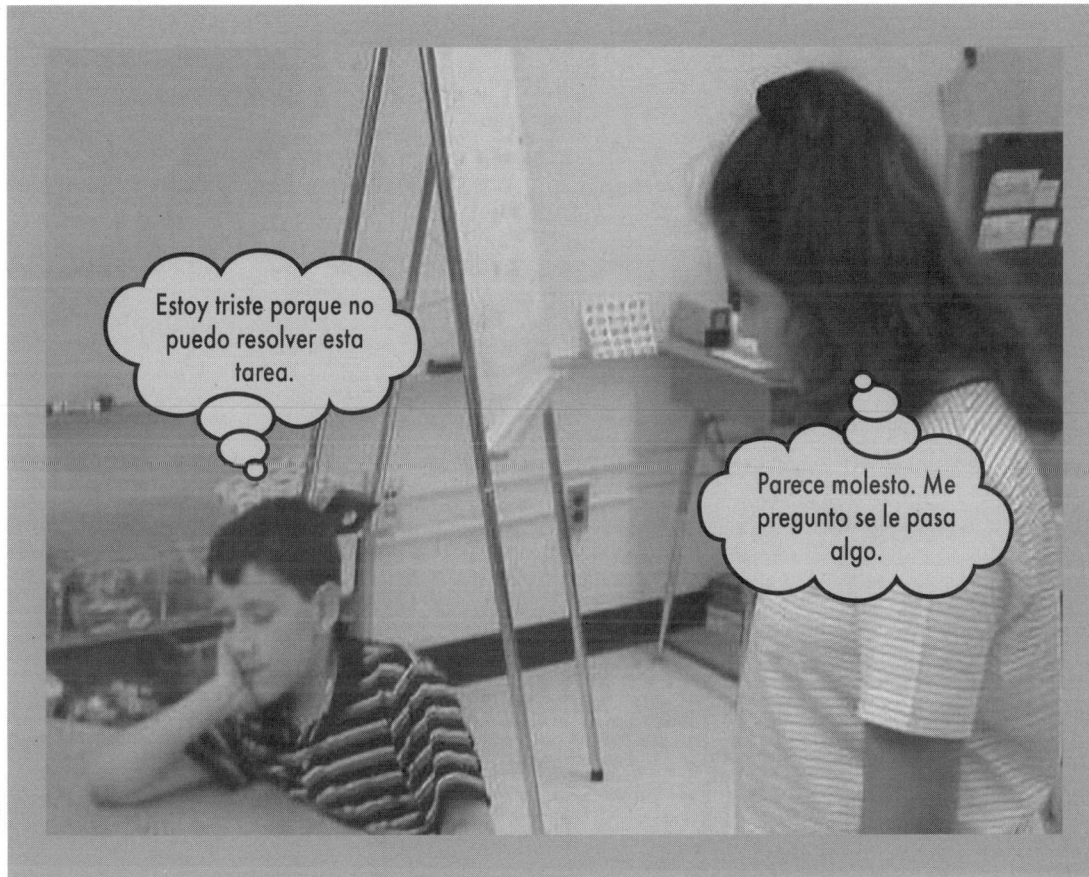

CONSEJO

Claves para saber si le pasa algo al niño: Está desplomado en la silla. Sus ojos miran hacia abajo. Las comisuras de su boca están hacia abajo; frunce el entrecejo. No habla con nadie ni hace nada.

Pregunta, "¿Estás bien? ¿Qué ha pasado?"

Pregunta si puedes ayudar.

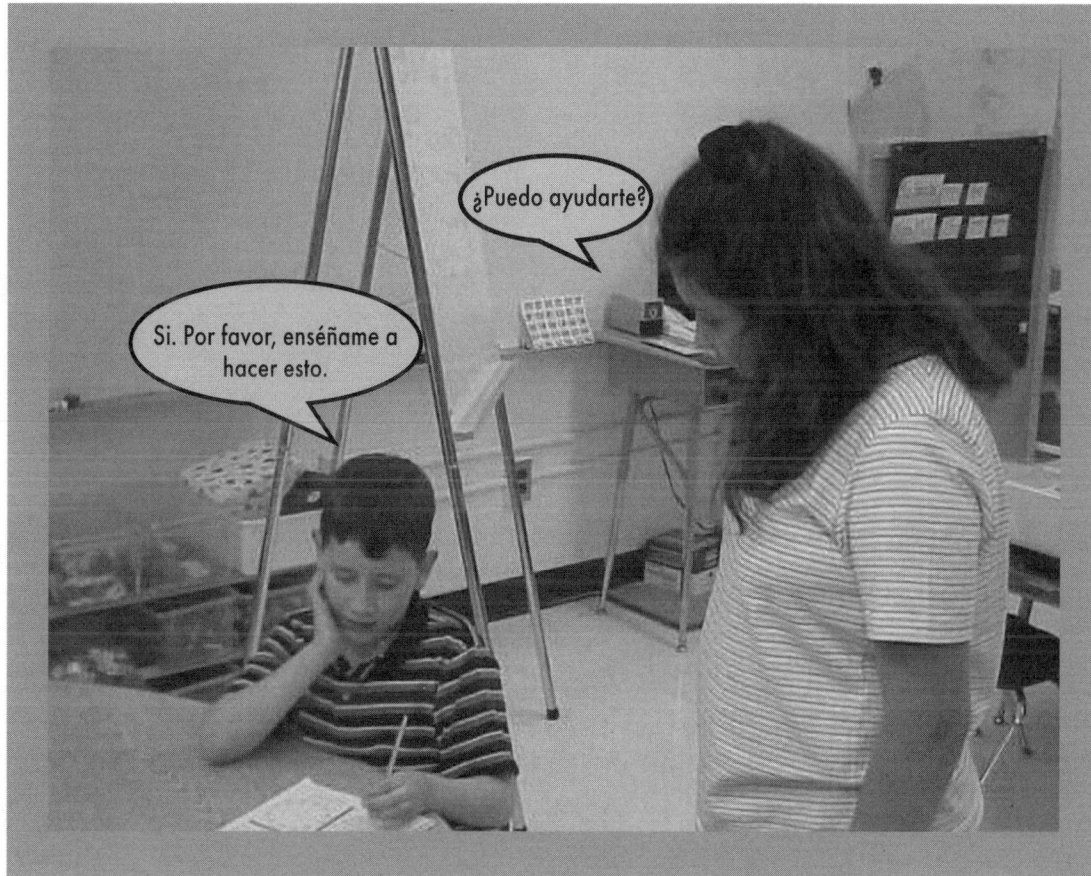

Si dicen que "Si," haz algo para ayudar.

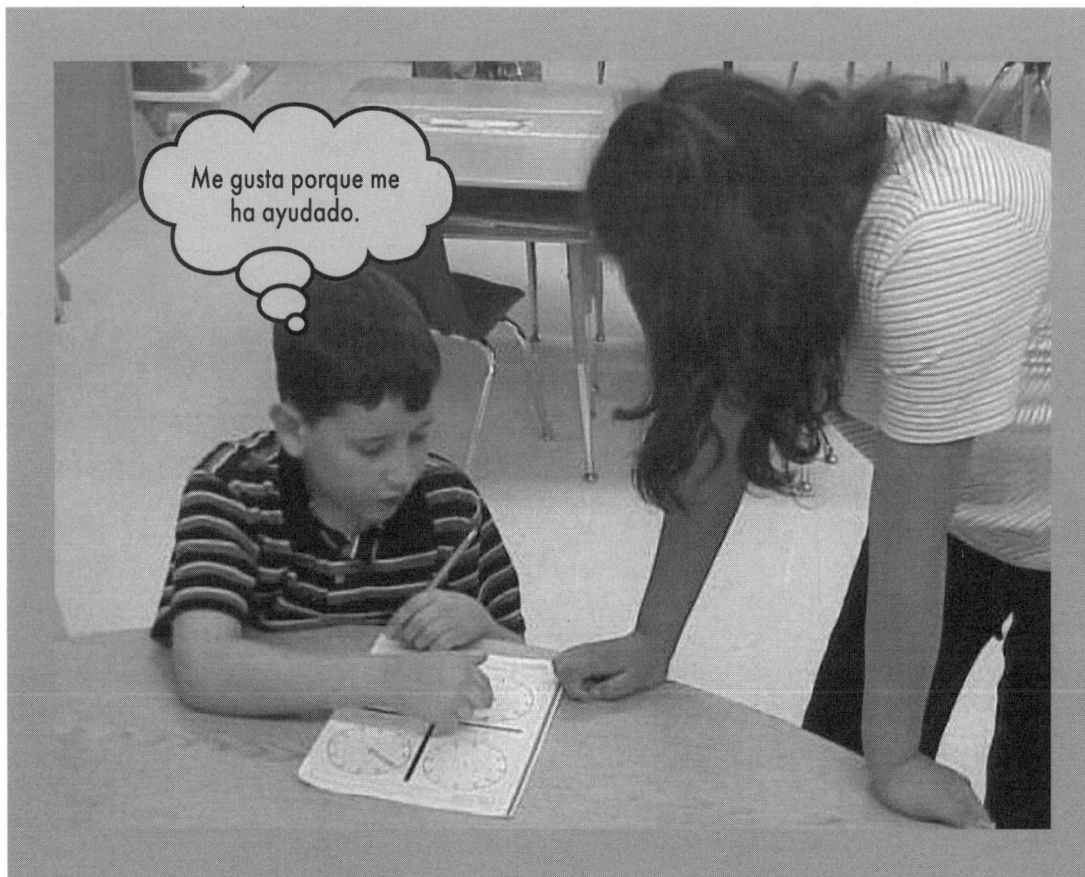

La niña está ayudando al niño con sus deberes.

El niño está contento y le gusta la niña porque le ayuda.

Ejemplo 2: Un niño cayó y parece que se ha hecho daño.

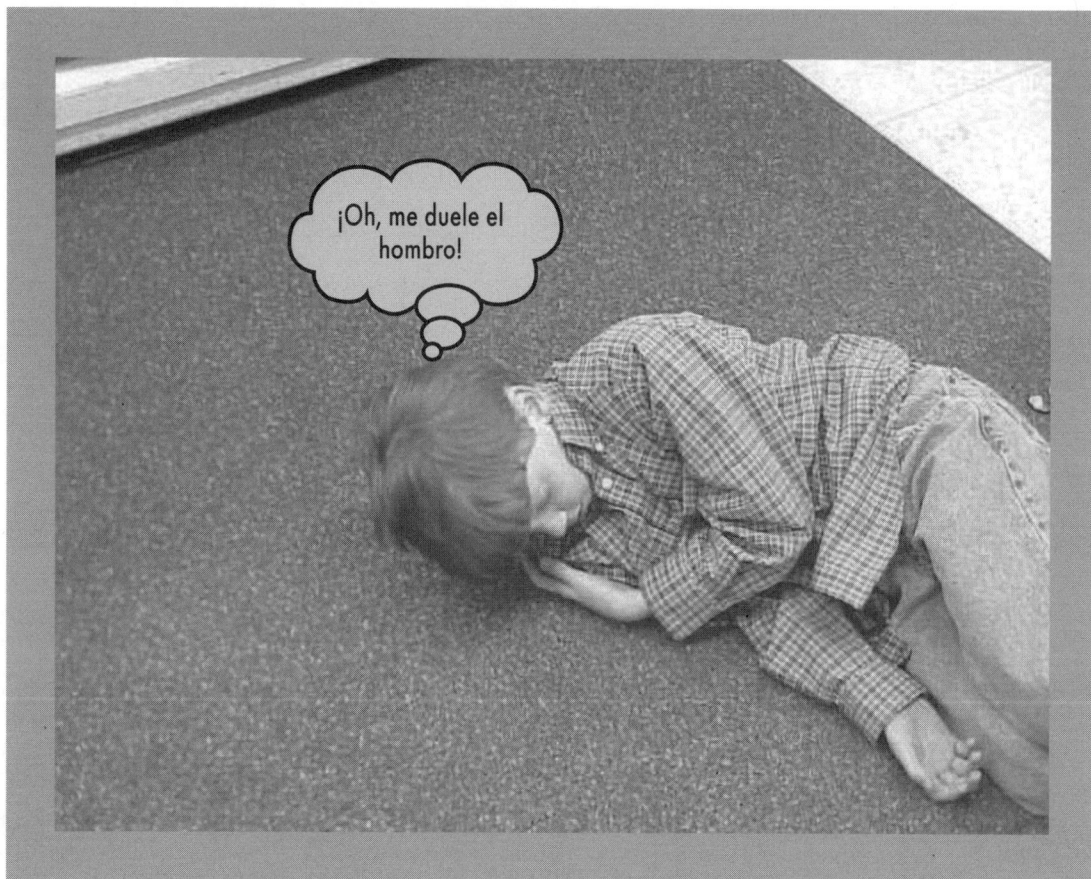

■ Busca signos de que otras personas están tristes, enfadadas o que necesitan ayuda.

CONSEJO Signos que muestran que el niño puede necesitar ayuda: Está tumbado en el suelo. Se está sujetando el hombro. Por su expresión facial parece que le duele.

Pregunta, "¿Estás bien? ¿Qué ha pasado?"

Pregunta si puedes ayudar.

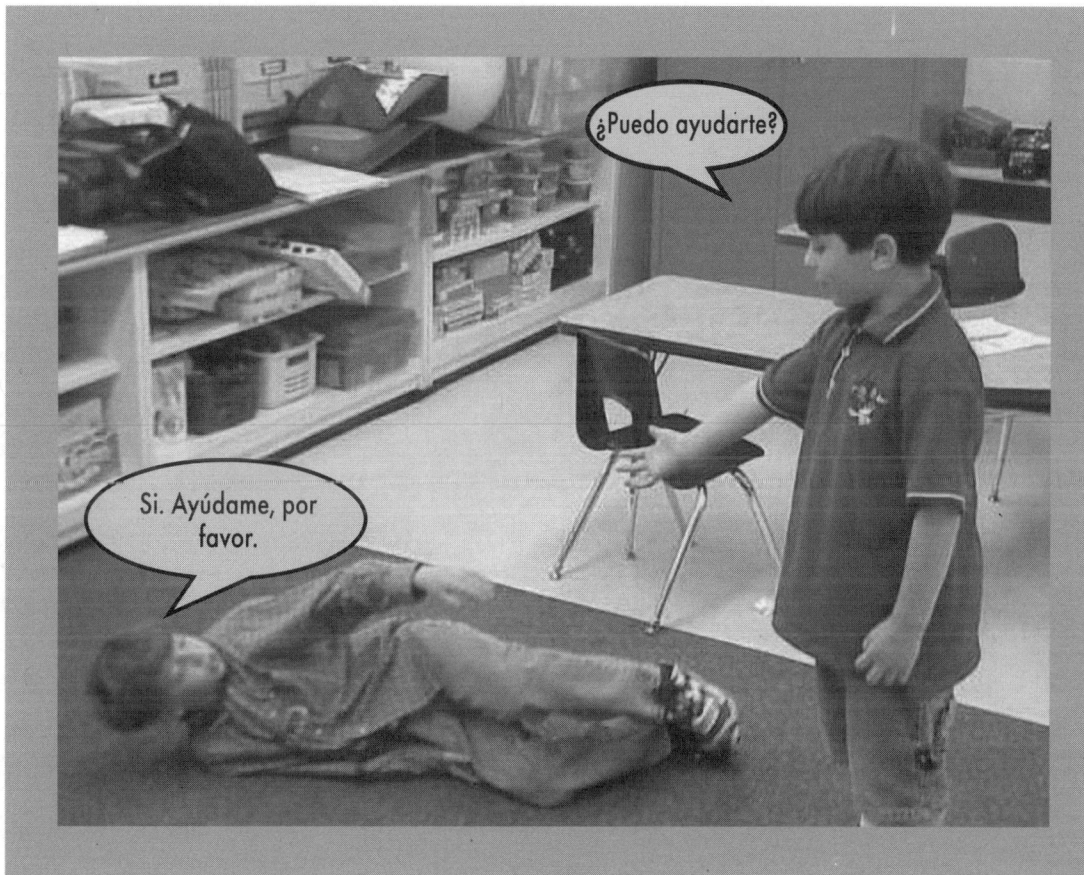

Si dicen que "Si" haz algo para ayudar.

El niño le ayudó a levantarse del suelo.

Ejemplo 3: El niño está triste. Le dieron algunos caramelos M&M®, pero luego se le cayeron al suelo.

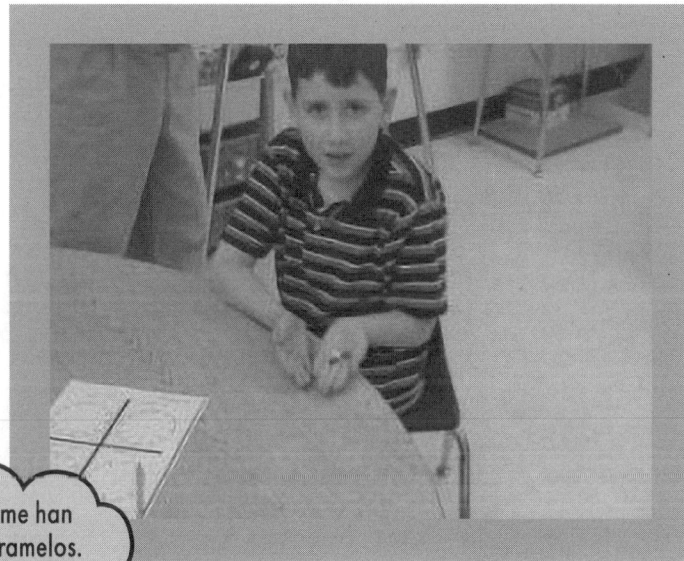

Oh, no! Se me han caído los caramelos. Estoy triste.

Busca signos de que otras personas están tristes, enfadadas o que necesitan ayuda.

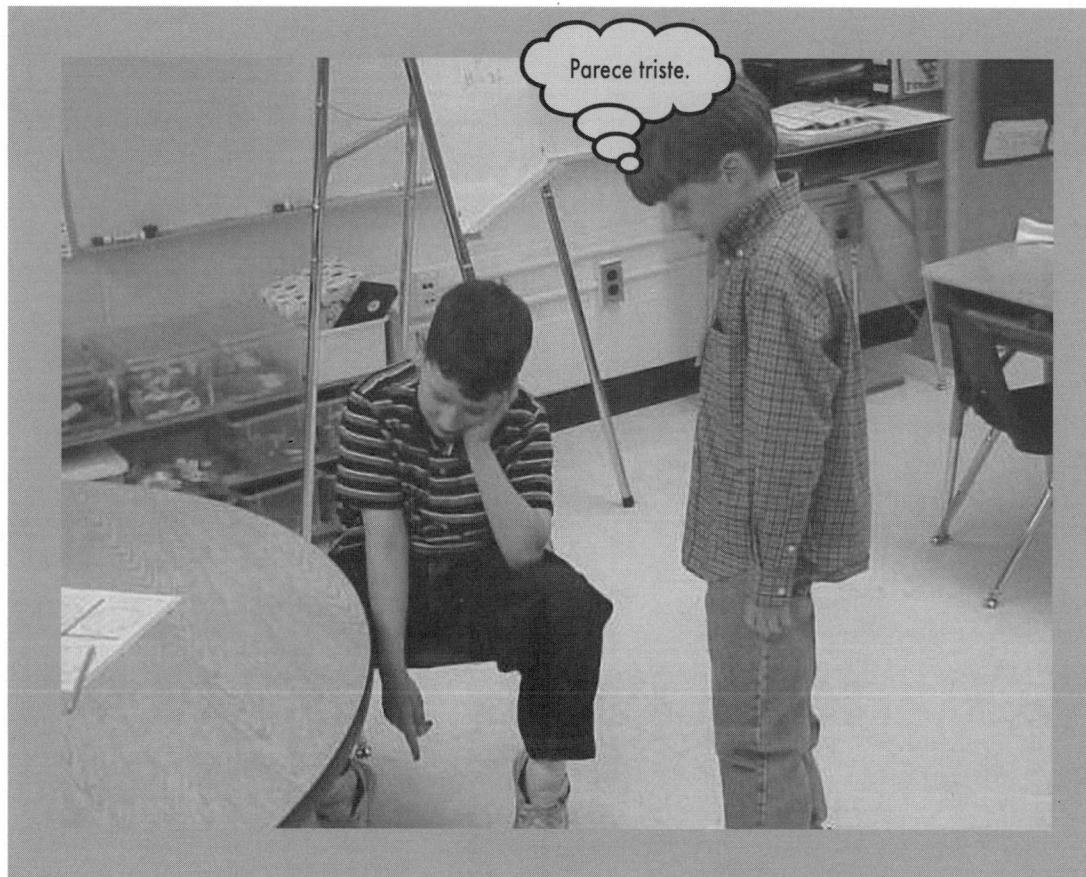

CONSEJO

Signos que muestran que el niño puede estar triste: Está mirando al suelo. Su cabeza está apoyada en su mano. Está señalando a algo en el suelo. Su boca está torcida hacia abajo. No parece contento.

Pregunta si puedes ayudar.

Si dicen que "Si", entonces haz algo para ayudar.

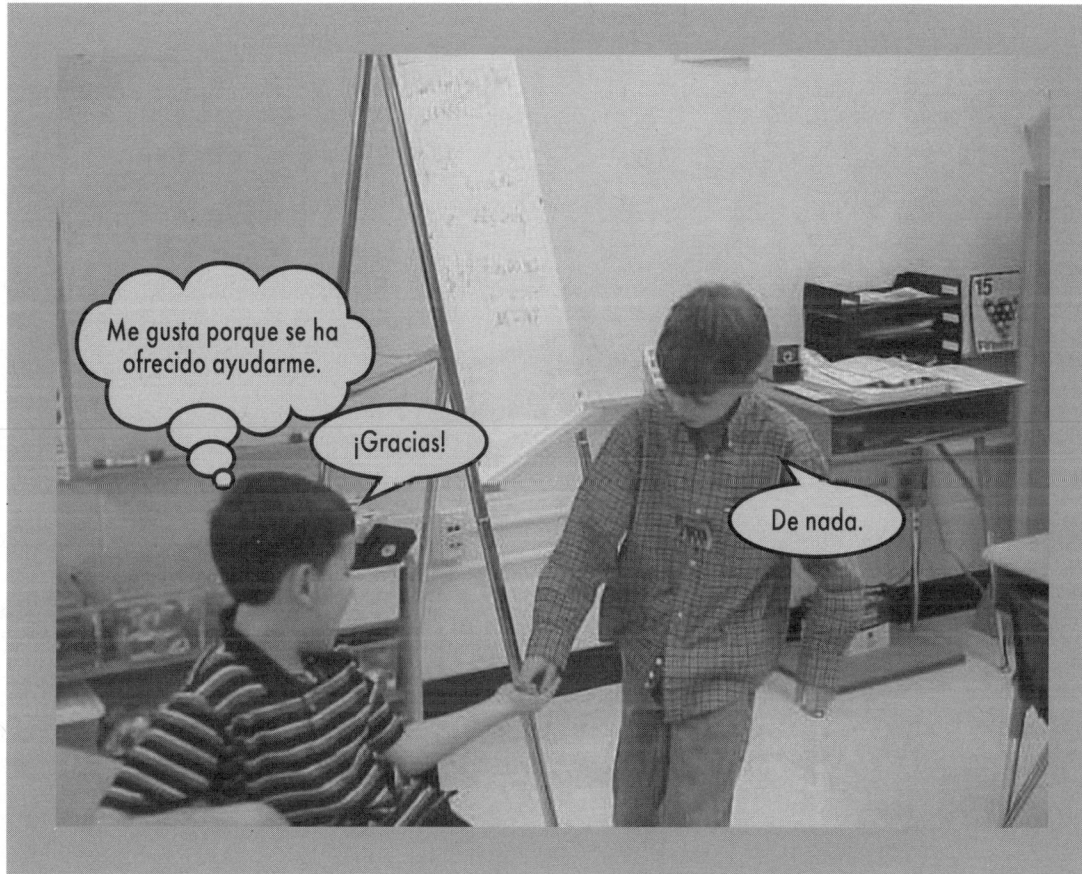

El niño recibió más caramelos M&M's®.

Aceptar un "No" por respuesta

- **A veces los padres y profesores te dicen "No" cuando pides algo.**
  "Mamá, ¿puedo coger una galleta?"
  "No, es casi la hora de comer."

- **Acepta un "No" diciendo "Ok" y no te enfades.**
  A veces no es fácil de hacer, en especial cuando realmente deseas algo.

- **Si no te enfadas* y aceptas un "No" por respuesta, la otra persona se sentirá bien contigo. Puede que te dé algo de lo que deseas más tarde, o puede que te deje hacer algo que deseas más tarde.**

*Si te enfadas, mira la página 135, Mantener la Calma

A veces la gente te dice "No" cuando pides algo

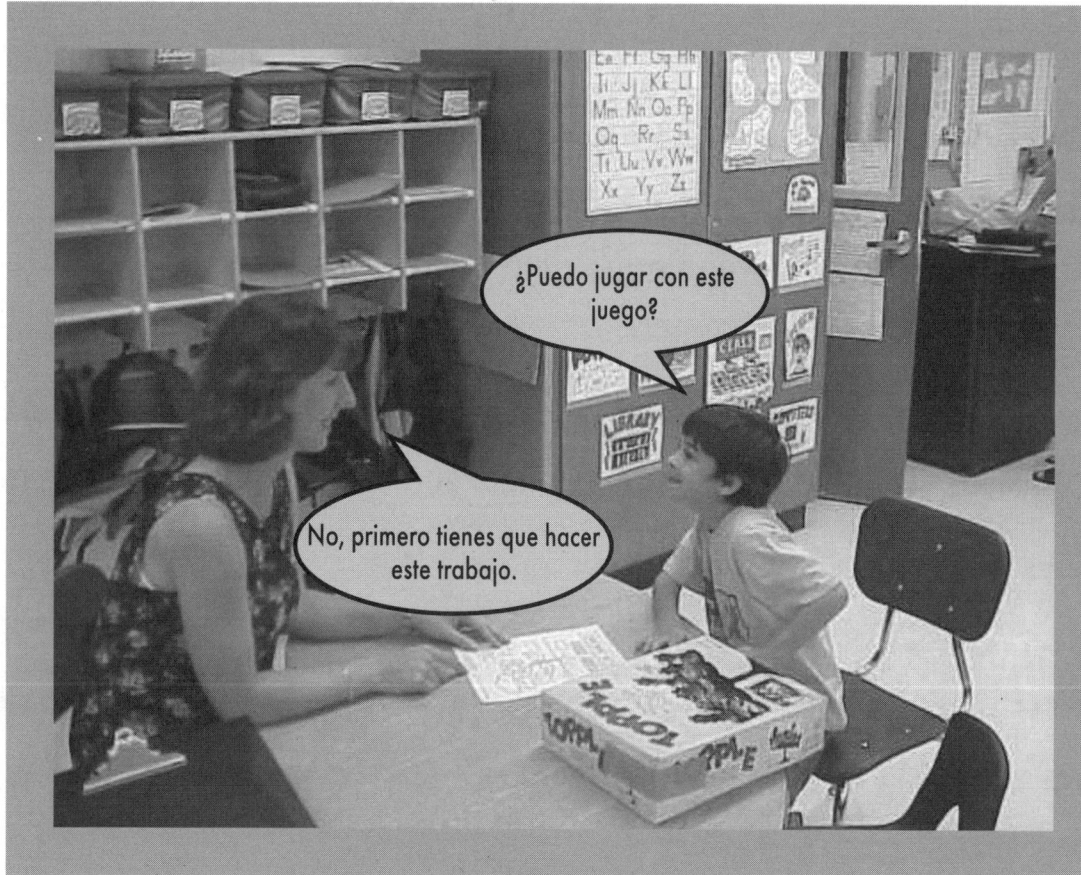

Cuando el niño pregunta si puede jugar con un juego, la profesora le dice que no porque primero tiene que hacer su trabajo.

Acepta un "No" diciendo "ok" y no te enfades.

Forma Correcta

El niño dice "ok" y no se enfada. Sabe que después podrá jugar con el juego.

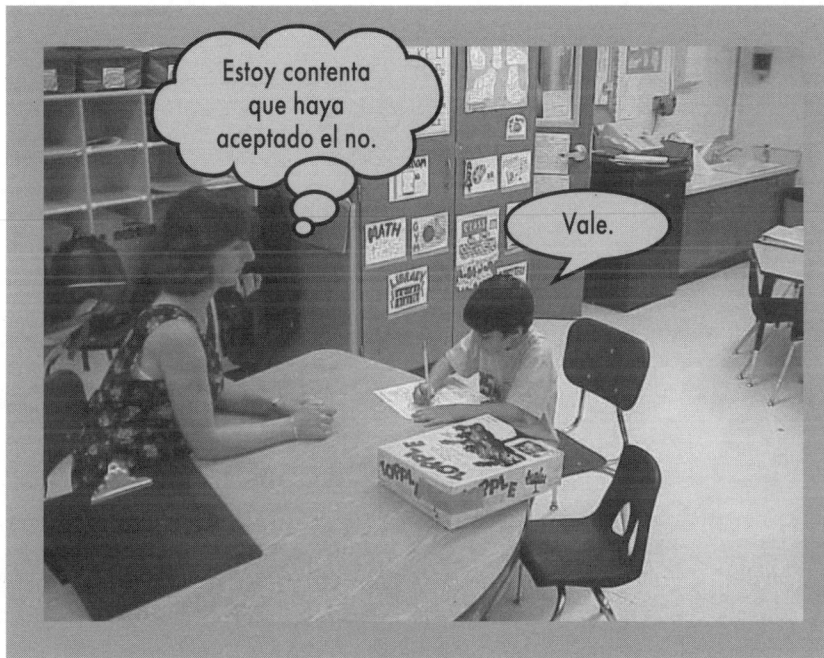

Forma Incorrecta

El niño se enfada y no acepta un "No" por respuesta.

Si aceptas un "No" la otra persona estará contenta. Quizá luego te dejará hacer algo que deseas más tarde.

Forma Correcta

Ahora el niño puede jugar porque ha esperado hasta que ha terminado el trabajo.

Forma Incorrecta

El niño no puede jugar por no ver aceptado un "No" y por no ver aceptado esperar a jugar.

Ahora que has terminado el trabajo puedes jugar.

Estoy contento de haber esperado.

Estoy enfadado porque todavía tengo que hacer el trabajo y no puedo jugar.

Lidiar con los errores

Todos cometemos errores. Podemos cometer errores en el colegio, en casa, cuando vamos a un restaurante o en la comunidad. Algunos errores son pequeños, como añadir un número equivocado, mientras que otros errores son más grandes, como romper el juguete de tu hermano o una de las lámparas de tu madre o decir una mentira. Es imposible ser perfecto y no cometer errores. Lo importante es aprender de los errores.

- **Di, "Está bien cometer algún error. Así es como aprendemos."**

- **Intenta hacer el trabajo de nuevo.**

- **Pide ayuda si lo necesitas.**

- **Piensa que hiciste un buen trabajo aprendiendo de tu error.**

La profesora le dice al chico que haga una tarea de matemáticas.

El chico está intentado hacer la tarea.

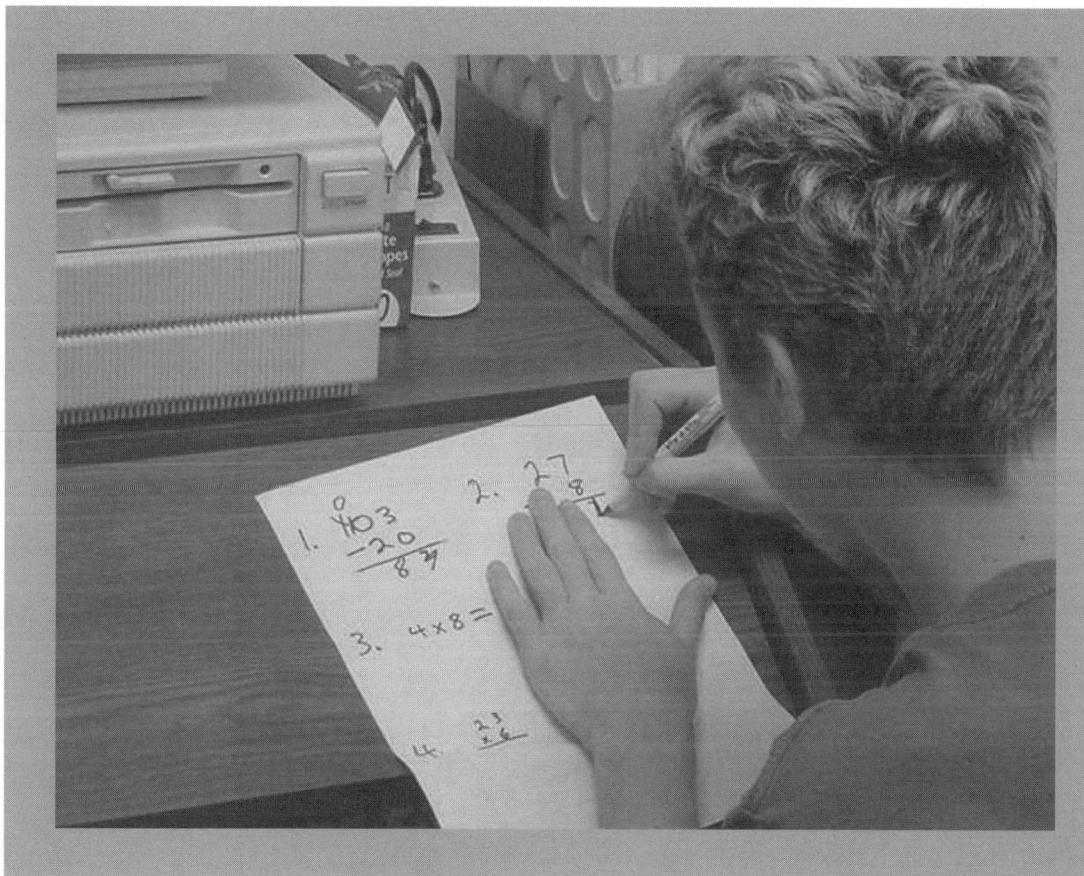

El chico ha cometido algunos errores al hacer la tarea.

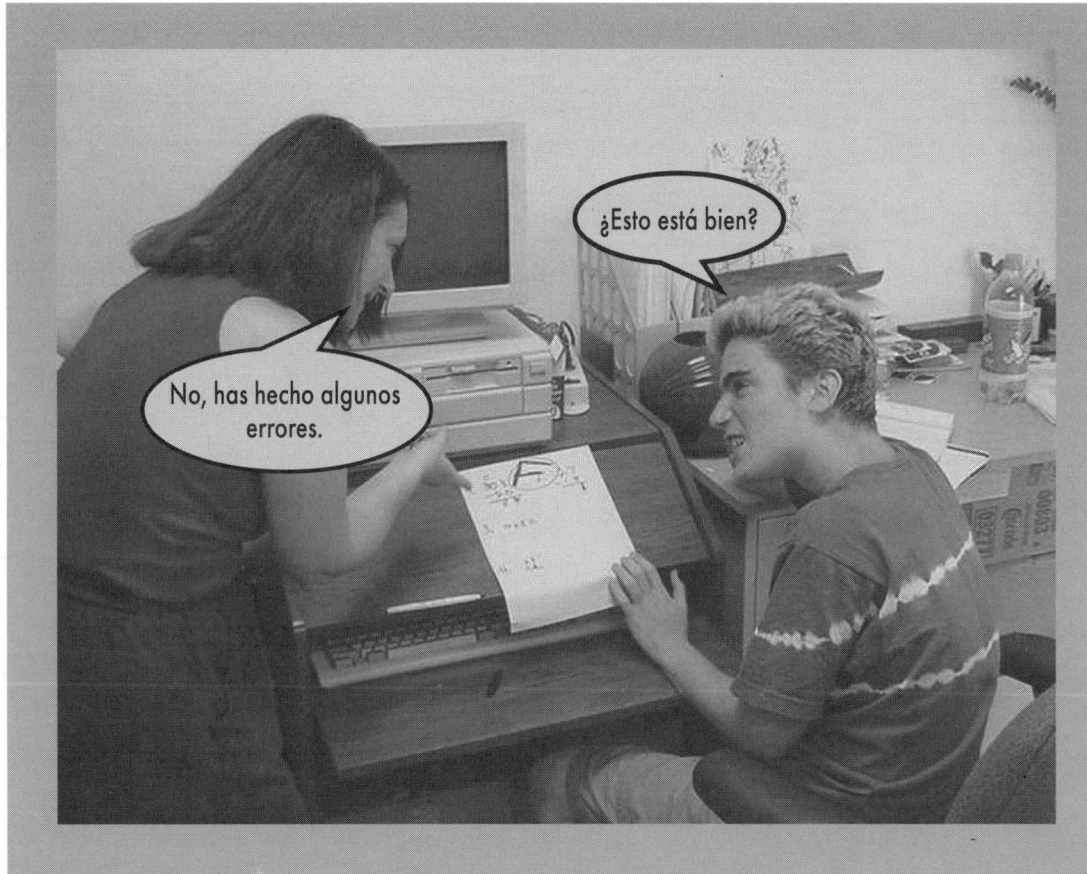

Di, "Esta bien cometer algún error. Así es como aprendemos."

Forma Correcta

El chico sabe que puede aprender de sus errores.

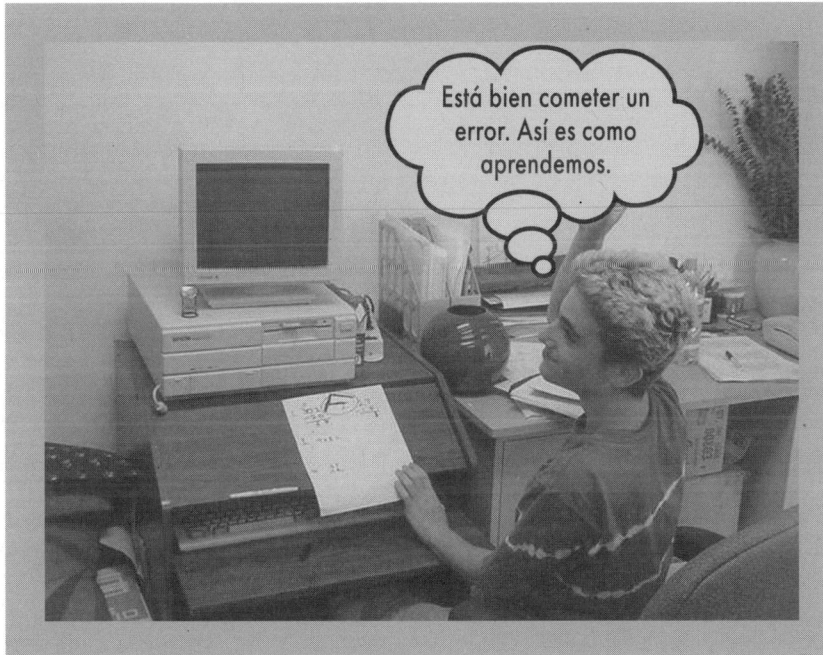

Forma Incorrecta

El chico se pone nervioso porque piensa que no está bien cometer errores.

Inténtalo de nuevo.

Forma Correcta

El chico intenta de hacer la tarea de nuevo.
Quiere hacerlo bien.

Forma Incorrecta

El chico se enoja tanto que quiere renunciar.

Nunca lo entenderé bien. ¡Lo dejo!

CONSEJO

A veces tenemos que probar una y otra vez antes de hacerlo bien.
Es importante seguir intentándolo y no rendirse.

Pide ayuda si lo necesitas.

Forma Correcta

El chico pide ayuda con las matemáticas en vez de enfadarse porque está cometiendo errores.

Forma Incorrecta

El chico se enfada en vez de pedir ayuda.

La profesora ayuda al chico.

Di que hiciste un buen trabajo aprendiendo de tus errores.

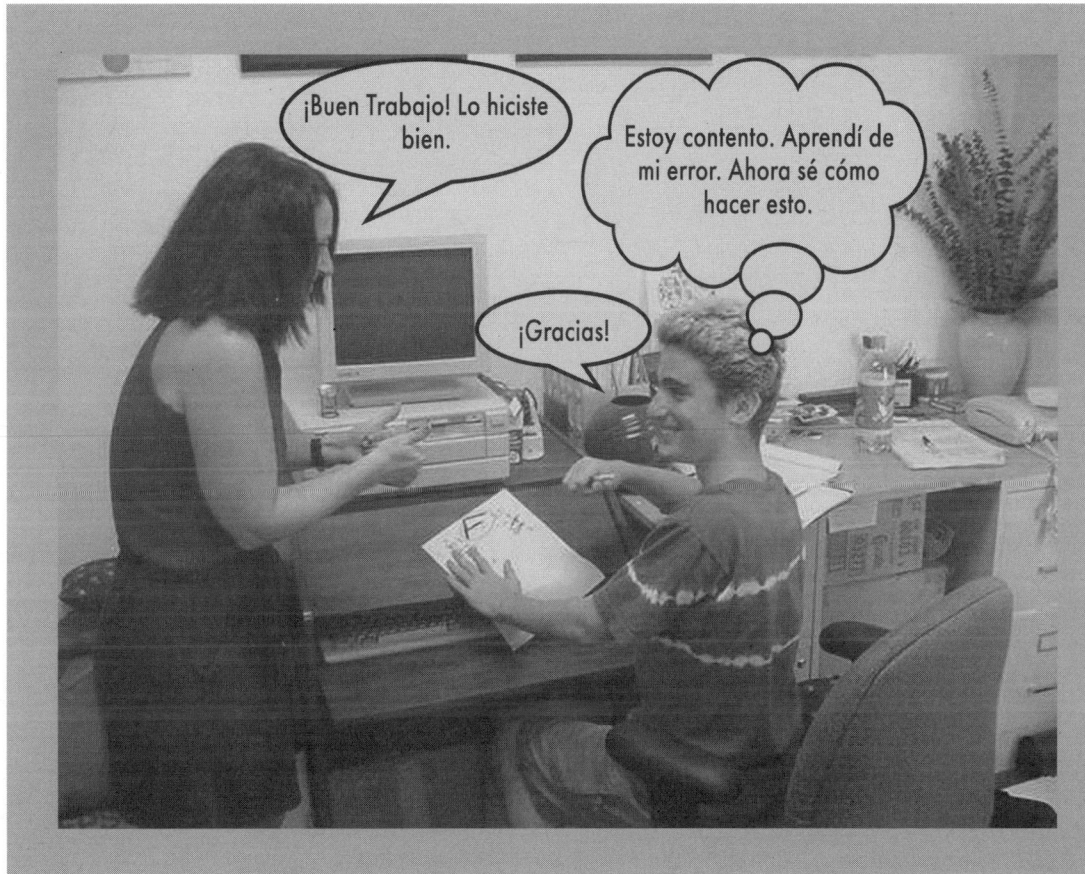

Intenta algo nuevo

Es bueno probar cosas nuevas. Podría ser una nueva clase de comida, un juego nuevo, un deporte nuevo, o una forma distinta de ir andando al parque. Algunas veces nos gustan las cosas nuevas que probamos, pero otras veces no. Está bien. Lo importante es intentarlo.

- **Si tienes miedo de probar algo nuevo, habla de ello con alguien.**
  Di, "está bien tener miedo las primeras veces.
  Después de intentarlo, me sentiré mejor."

- **Cálmate con una de tus actividades favoritas.**

- **Observa a los demás intentarlo.**

- **Pide a alguien que te explique cómo hacerlo.**

- **Pruébalo tú mismo.**

El niño quiere jugar con sus amigos, pero tiene miedo de probar el juego nuevo.

> Me da miedo probar este juego. No sé cómo jugar, y quizá se rían de mí si cometo un error.

CONSEJO

Si tienes miedo de cometer un error, mira Lidiar con los Errores, página 165.

Si tienes miedo de probar algo nuevo, habla de ello con alguien.

El niño decide hablar con su profesor acerca de sus sentimientos.

Di a ti mismo, "está bien tener miedo". Después de intentarlo, me sentiré mejor.

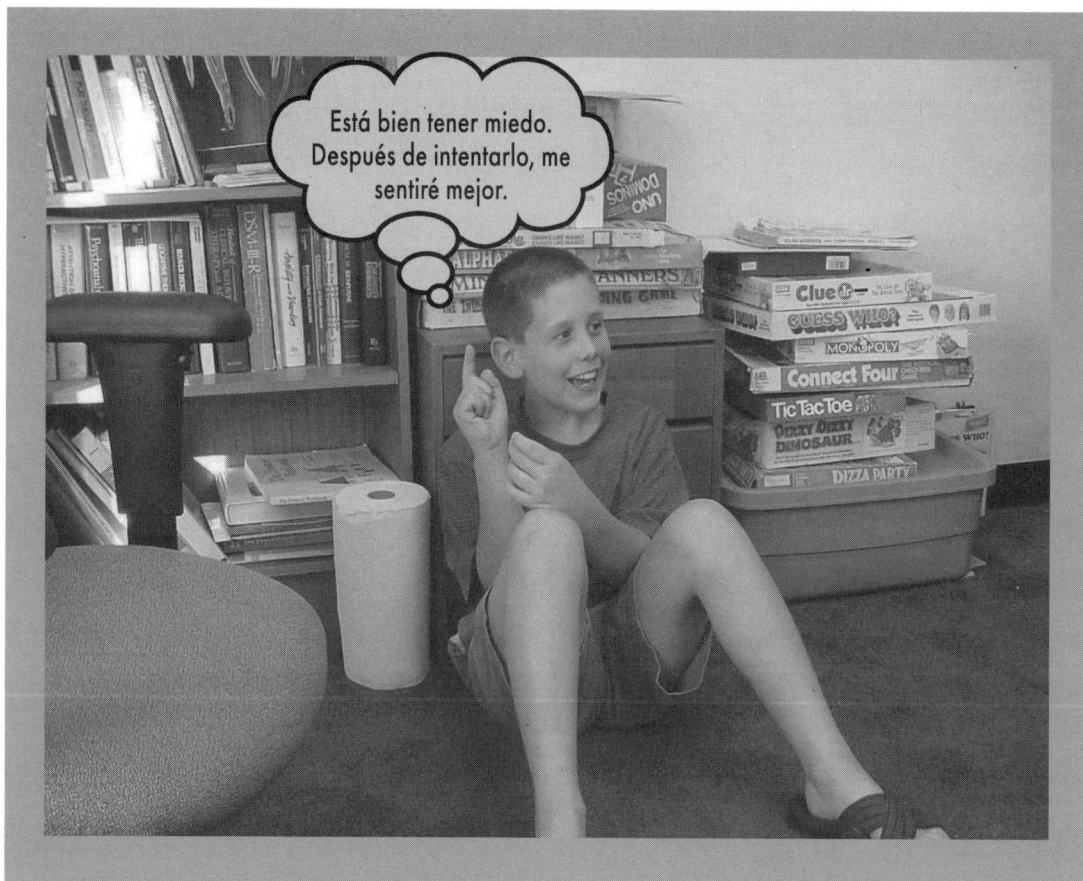

CONSEJO

El niño muestra valor con querer intentar el juego, a pesar de que tiene miedo.

Cálmate con una de tus actividades favoritas.

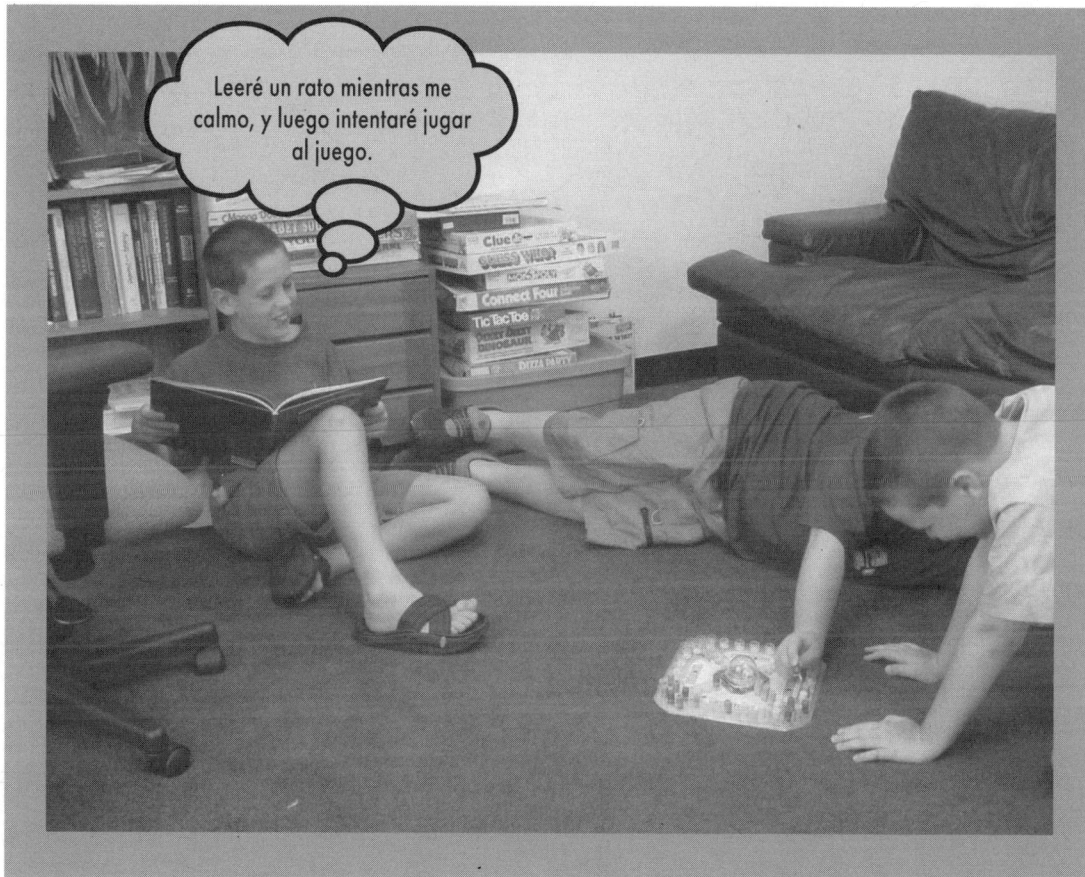

Leeré un rato mientras me calmo, y luego intentaré jugar al juego.

El niño lee un libro para calmarse.

Mira a otras personas intentar el juego. Haz preguntas si no lo entiendes.

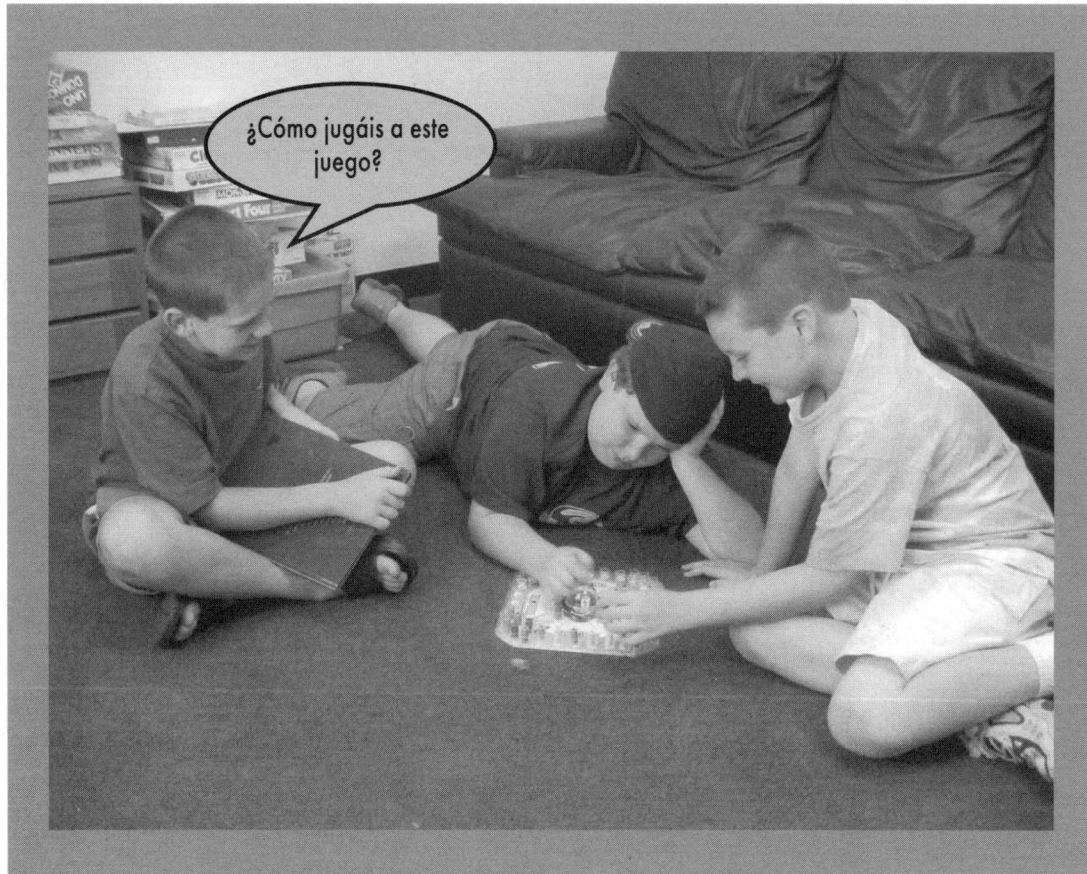

El niño mira como los demás niños juegan al juego hasta que se siente bien. Les pregunta por el juego.

Inténtalo.

El niño intenta jugar al juego con los otros niños.

El niño está contento porque ha probado algo nuevo.

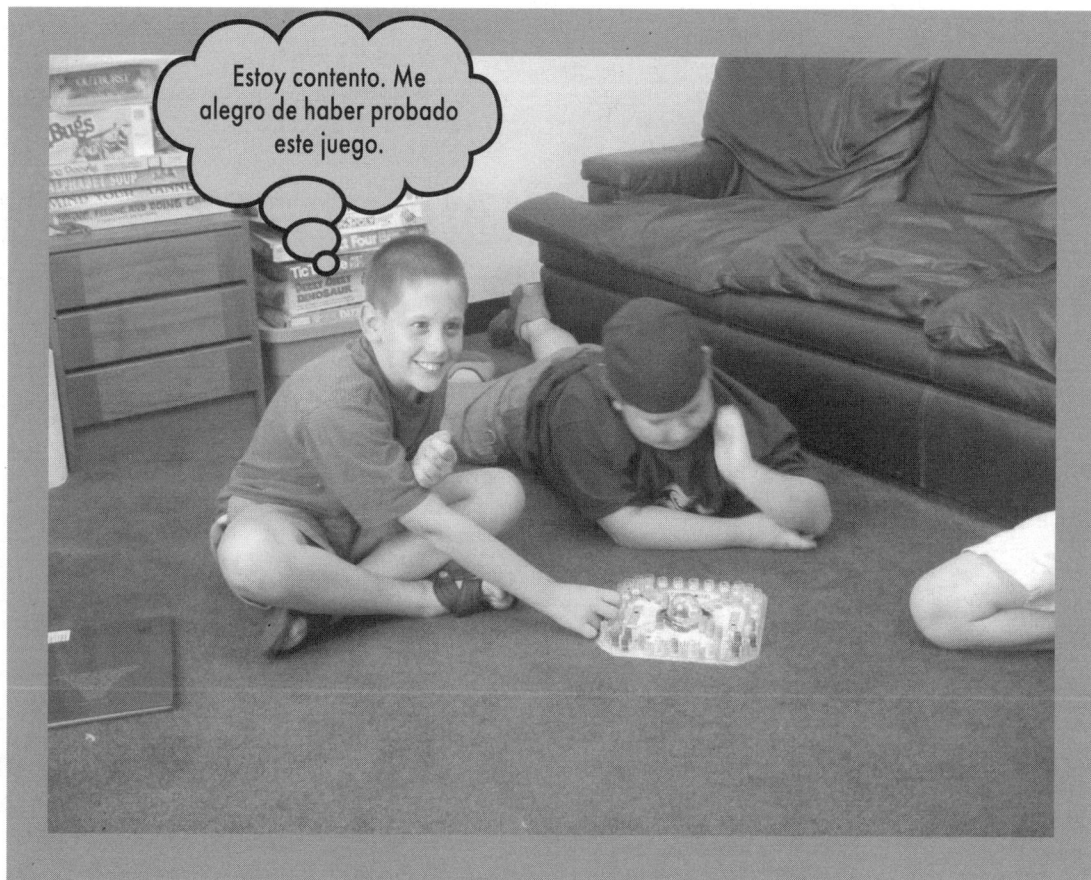

Lidiar con las burlas

- **Pregunta si la persona se está burlando.**

- **Si es así, dile a esa persona que PARE en voz alta.**

- **Si continúa burlándose, dile que no te importa lo que dice.**

- **Si continúa burlándose, ignórale o vete.**

- **Si continúa burlándose, díselo a un adulto.**

El niño está burlándose del otro niño con sus zapatillas deportivas.

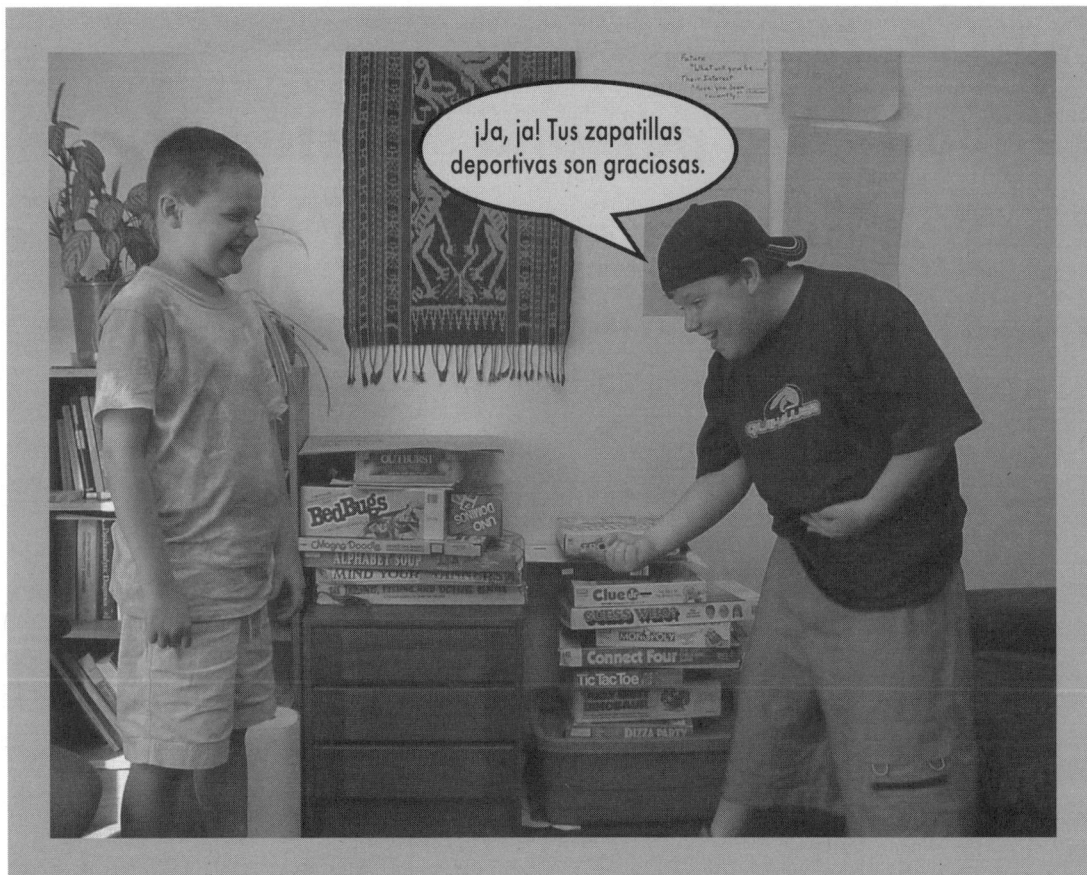

CONSEJO

Algunas burlas son divertidas y algunas tiene la intención de herir nuestros sentimientos. Si no entiendes la diferencia, asegúrate de pedirle a tu mamá o papá o a una profesora para que te lo explique.

Pregunta si se está burlando de ti.

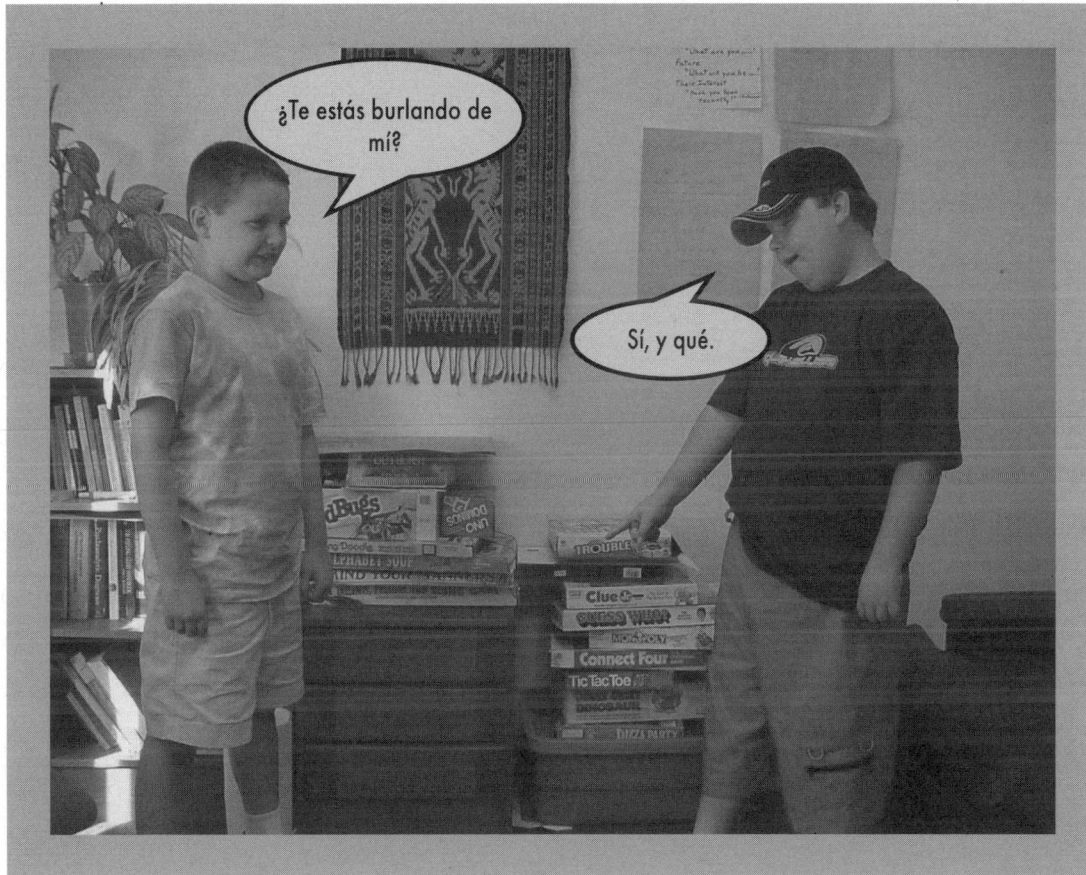

Dile en voz fuerte ¡PARA!

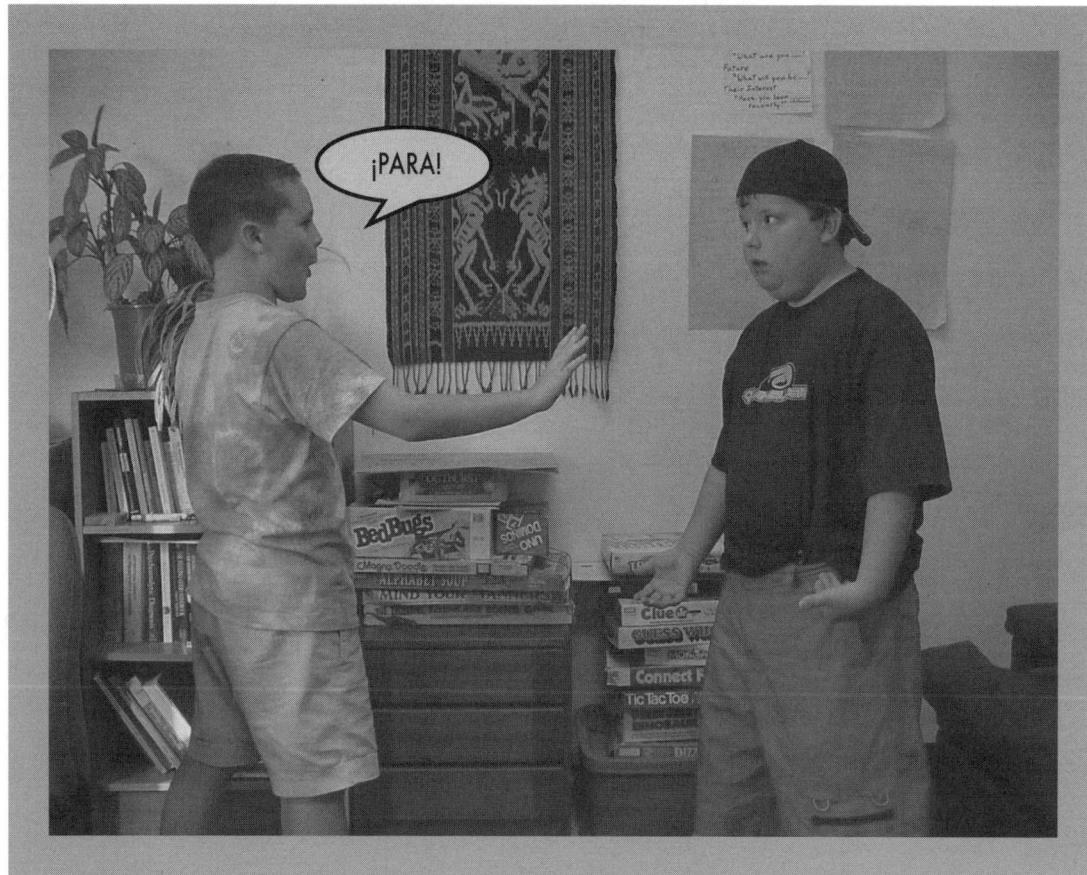

CONSEJO Mantén contacto visual con la persona y levanta la mano a un brazo de distancia, para indicar a la otra persona que PARE.

Si continúa burlándose, dile que no te importa lo que dice.

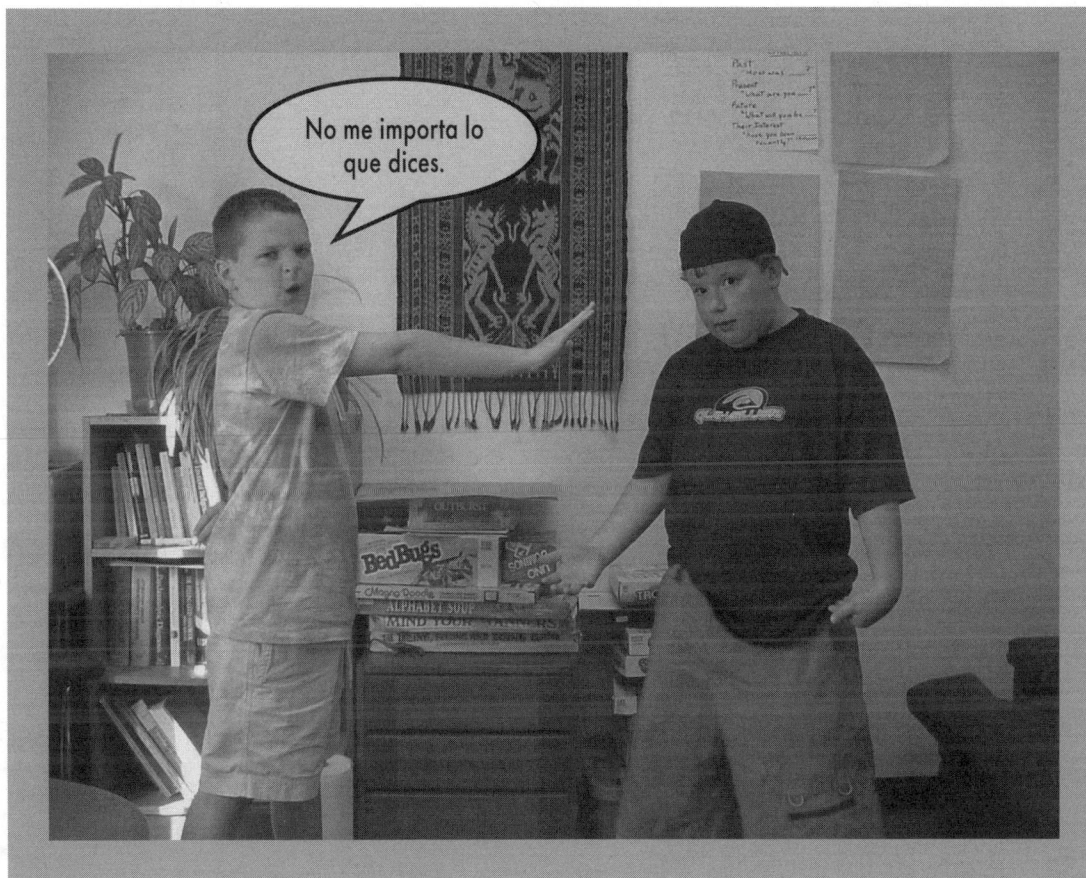

Si continúa burlándose, ignórale o vete.

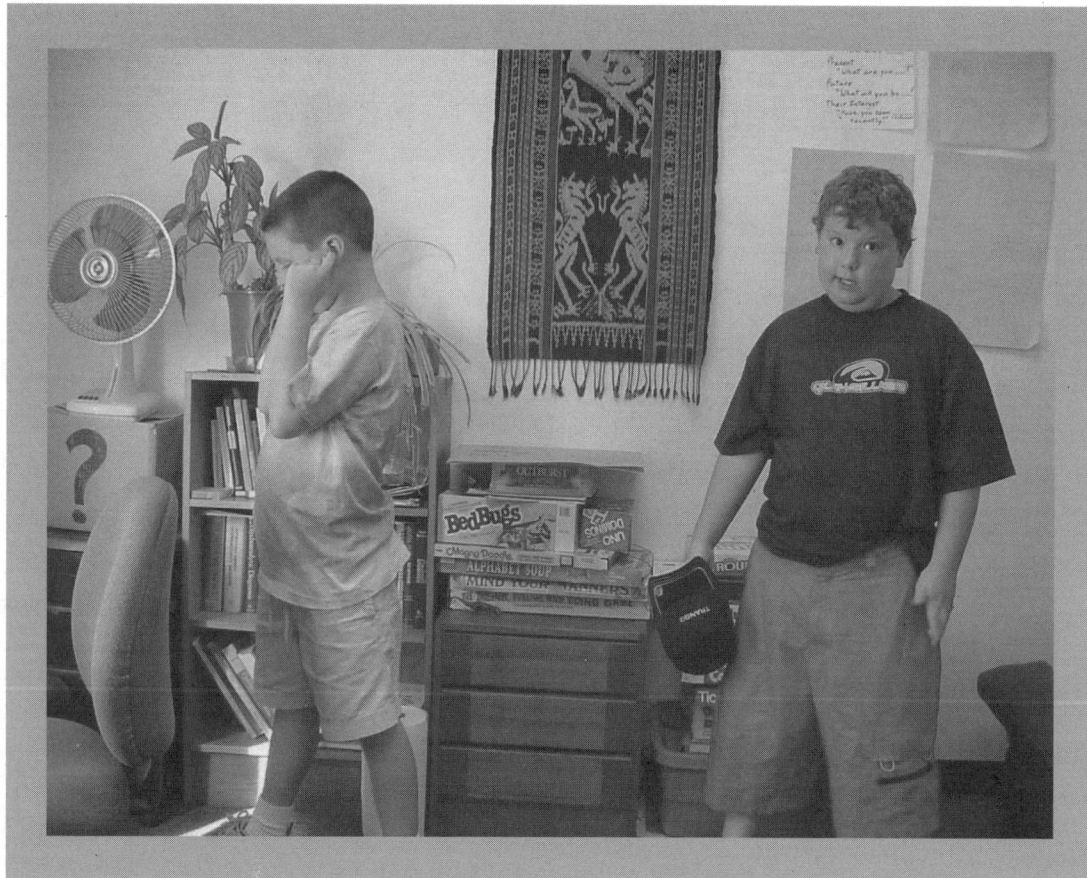

CONSEJO En esta situación, está bien darle la espalda a la otra persona.

Si continúa burlándose, díselo a un adulto.

Intentarlo cuando el trabajo es duro

Algunas cosas son fáciles de hacer, pero otras cosas pueden ser difíciles. Esto puede ser uno de los temas en la escuela, o aprendiendo un juego nuevo, o intentando un deporte nuevo o una actividad al aire libre. Es importante seguir intentándolo, incluso si algo es difícil de hacer. Se le llama perseverancia.

- **Intenta hacer los deberes.**

- **Pide ayuda si la necesitas.**

- **Pide una breve pausa si empiezas a sentirte molesto.**

- **Vuelve a hacer tus deberes. Inténtalo de nuevo.**

Intenta hacer los deberes.

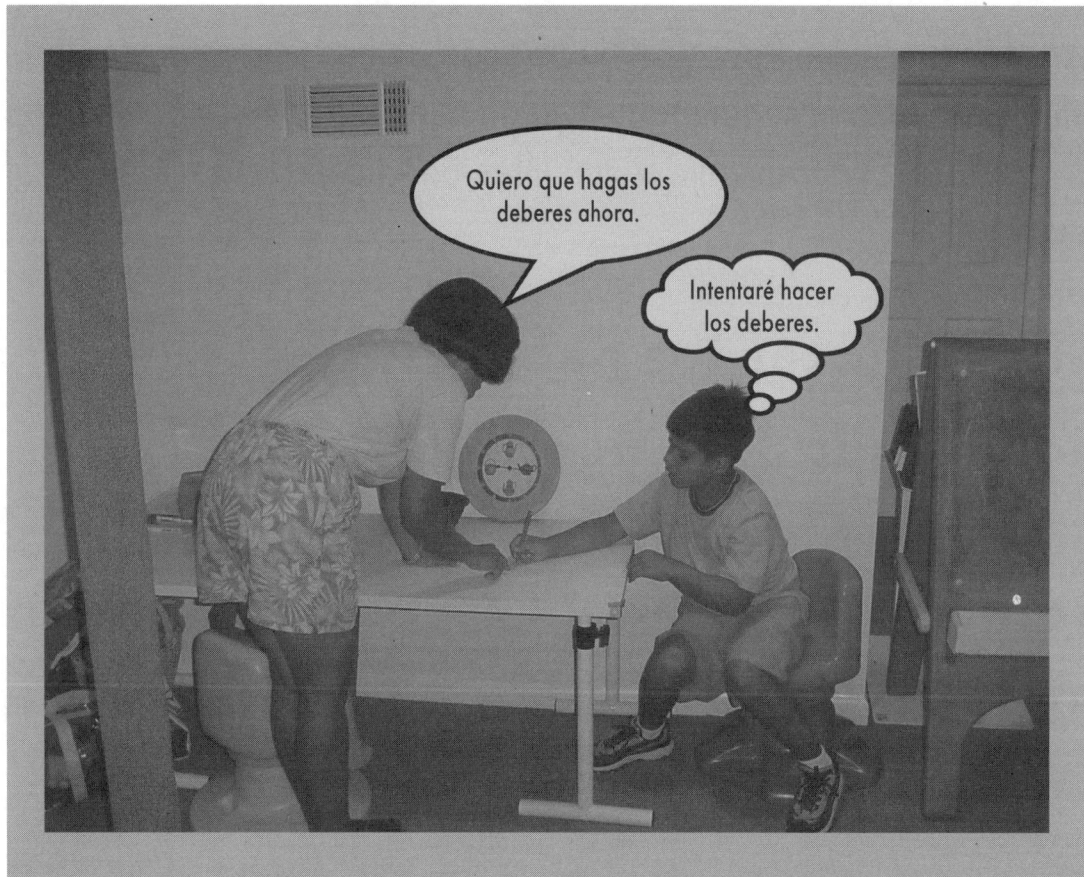

La profesora le dice al niño que empiece a hacer sus deberes.
El intenta hacerlo.

Pide ayuda si la necesitas.

Forma Correcta	Forma Incorrecta
El niño pide ayuda cuando tiene problemas con los deberes.	El niño está teniendo problemas para hacer los deberes. Se enfada.

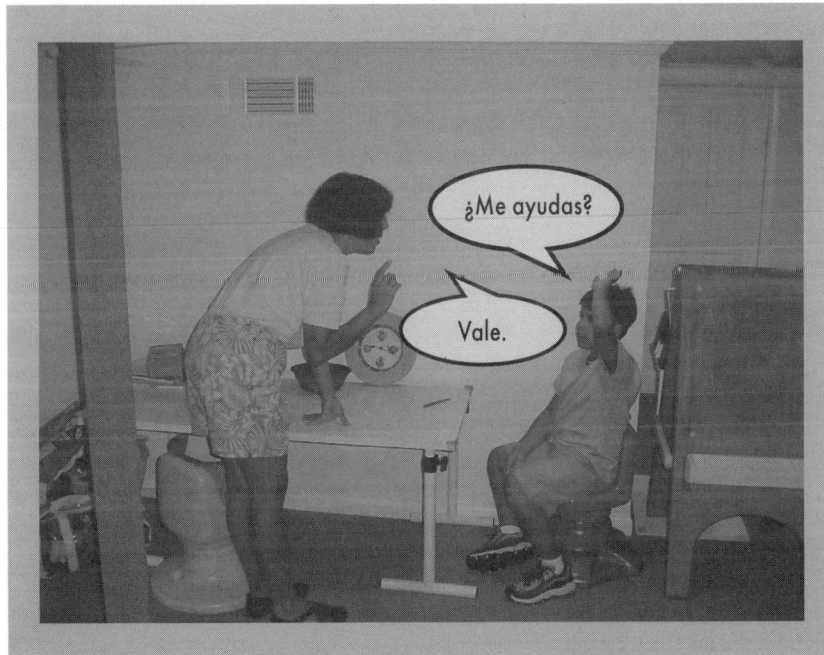

Si estás empezando a molestarte, pide una pausa para volver a calmarte de nuevo.

Forma Correcta

El niño pide una pausa cuando empiece a sentirse molesto.

¿Puedo hacer una pausa?

Vale, cinco minutos, luego vuelve a trabajar.

Forma Incorrecta

El niño se molesta y rompe sus deberes.

¡Odio estos deberes! Es demasiado difícil.

El niño hace una pausa de cinco minutos.

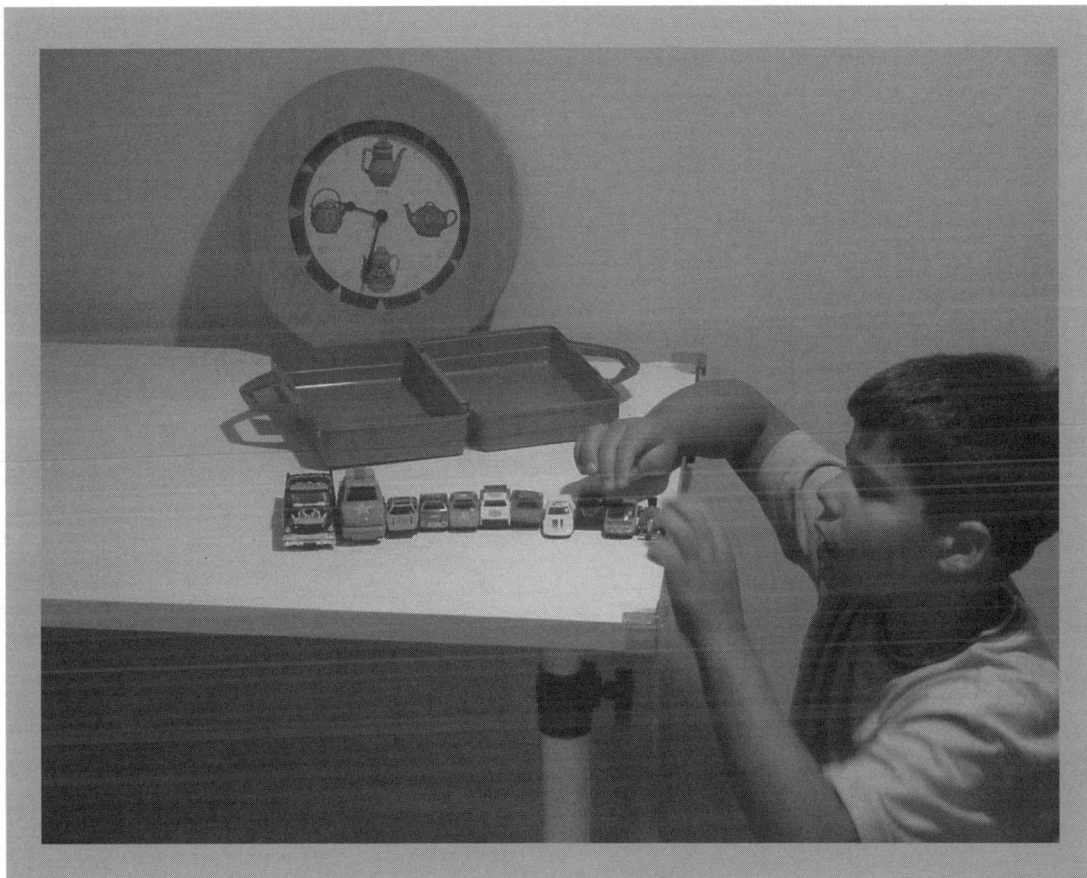

CONSEJO

Usa esta pausa para calmarte. Haz algo que te calme, como leer, jugar con tu juguete favorito, escuchar música o hacer respiraciones profundas. (Véase Mantener la Calma, página 135.)

Vuelve a hacer los deberes. Inténtalo de nuevo.

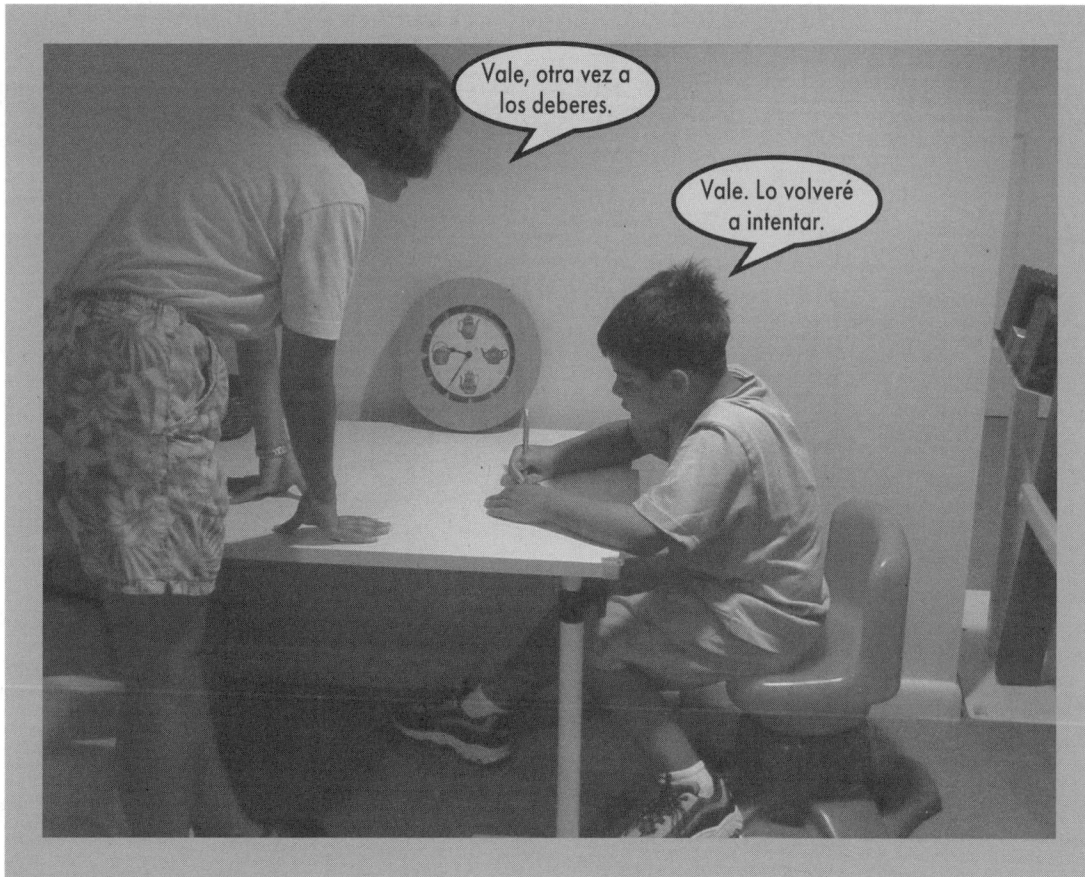

El niño se ha calmado y está listo para volver a trabajar.

El niño ha terminado los deberes, así que ahora puede jugar.

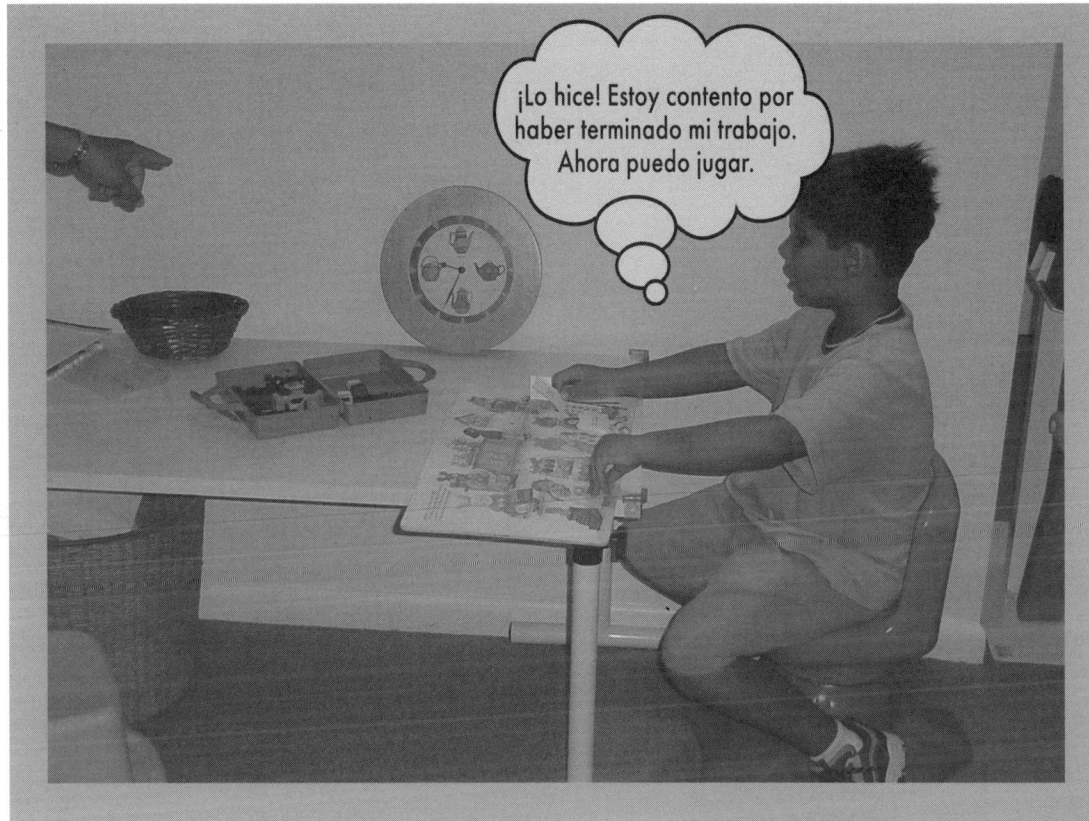

¡Lo hice! Estoy contento por haber terminado mi trabajo. Ahora puedo jugar.

Como siguió intentándolo, incluso cuando el trabajo era duro, el niño ha terminado los deberes.

CONSEJO

Utiliza esta misma habilidad cuando estés haciendo algo difícil en casa, o cuando estés aprendiendo una habilidad nueva. Si continúas intentándolo, incluso cuando la tarea es dura, te hará sentir bien cuando finalmente termines la tarea.

197

14 Signos del Autismo

1. Puede evitar el contacto visual.
2. Puede preferir estar solo.
3. Repite palabras o frases una y otra vez (ecolalia).
4. Dificultad para interactuar con los demás.
5. Gira objetos o uno mismo.
6. Insistencia en la igualdad.
7. Anexos inapropiados a objetos.
8. Risas inapropiadas o risitas.
9. Puede que no quiera caricias.
10. Dificultad para expresar necesidades; puede usar gestos.
11. Respuestas inapropiadas o no responde al sonido.
12. No siente temor ante peligros reales.
13. Insensibilidad aparente al dolor.
14. Juego sostenido, inusual o repetitivo; habilidades físicas o verbales desiguales.

¡Tres libros que ofrecerán más información!

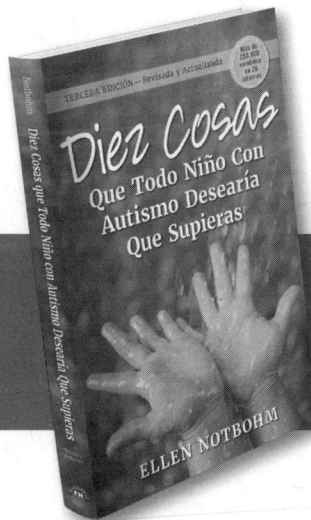

TERCERA EDICIÓN—Revisada y Actualizada

Diez Cosas Que Todo Niño Con Autismo Desearía Que Supieras
ELLEN NOTBOHM

GENTE ESPECIAL, NECESIDADES ESPECIALES
Por Arlene Maguire
Ilustrado por Sheila Bailey

BAKER
Estrategias positivas para manejar y prevenir el comportamiento fuera de control
NO MÁS DERRUMBES
JED BAKER, Ph.D.
Prólogo por Carol Stock Kranowitz, autora de El Niño Desincronizado